필요할 때 꺼내 보는

기획서 작성법

필요할 때 꺼내 보는

기획서 작성법

2020년 6월 1일 1판 1쇄 펴냄
2022년 10월 21일 1판 2쇄 펴냄

지은이 봉주완
펴낸이 김철종

펴낸곳 (주)한언
출판등록 1983년 9월 30일 제1 - 128호
주소 03146 서울시 종로구 삼일대로 453(경운동) 2층
전화번호 02)701 - 6911 **팩스번호** 02)701 - 4449
전자우편 haneon@haneon.com

ISBN 978-89-5596-892-7 (03320)

이 도서의 국립중앙도서관 출판예정도서목록(CIP)은 서지정보유통지원시스템
홈페이지(http://seoji.nl.go.kr)와 국가자료공동목록시스템(http://www.nl.go.kr/kolisnet)에서
이용하실 수 있습니다.(CIP제어번호: CIP2020018632)

필요할 때 꺼내 보는

기획서 작성법

봉주완 지음

한ㄴ

contents

2장 기획서 작성 - 프레임

3장 기획서 작성 - 콘텐츠

4장 기획서 작성 – 디자인

5장 기획서 보고

추천의 글

자신의 생각을 상대방에게 전달하는 일은 쉽지 않다. 심지어 문서를 통해 전달해야 한다면 그 어려움은 배가된다. 이 책은 기획서를 논리적으로 구성하고 자신의 생각을 다른 사람에게 전달하는 방법을 일상의 언어로 탁월하게 풀어낸다. 기획 업무를 시작하는 직장인들은 물론 컨설팅을 준비하는 후배들에게 논리의 구성력과 생각의 전달력을 다지는 기초로써 이 책의 일독을 권한다.

—**김광화** 시니어 매니저 컨설턴트, 딜로이트 안진회계법인

책을 열자마자 단숨에 읽었다. 쉽고 명쾌하며 유용하고 재미있다. 책을 읽은 후 나의 기획서 작성 방식과 결과가 완전히 달라졌다.

—**최종호** 프로, 삼성생명 SFP영업 추진

군더더기가 없다! 기획서 작성에 필요한 핵심을 고스란히 담았다. 실무에 즉시 활용 가능한 팁과 예시는 덤이다. 이 책이 기획서 작성으로 어려움을 겪는 사회 초년생들에게 훌륭한 길잡이가 되리라 믿는다.

—**김효중** 프로젝트 리더, SK홀딩스 HR 담당

저자는 독자들이 원하는 것이 무엇인지 잘 알고 있다. 실제 업무에 적용하기 힘든 방법을 소개하는 여타의 기획서 작성법 책들과 달리 이 책은 누구나 쉽게 따라 할 수 있는 내용으로 구성됐다. 이 책이 많은 직장인들의 갈증을 풀어 줄 선물이라 확신한다.

−**정영재** 차장, ㈜LS 기본교육팀

기획 업무로 방황하며 '워라밸'을 잃어 가는 직장인들에게 이 책을 추천한다. 곁에 두고 오래도록 음미하고 싶은 기획서 작성의 A to Z. 이 책을 따라가다 보면 어느새 완성도 높은 기획서를 쓰고 있는 자신을 발견하게 될 것이다!

−**한지혜** 매니저, PSI컨설팅

들어가는 말

침묵이 길다. 싸늘한 분위기에 심장이 뛰는 소리마저 얼어붙었다.

하지만 걱정하지 마라. 지금 보고하는 기획서는 이전 기획서와 차원이 다르다. 적어도 전면 재수정은 아닐 것이다. 약간의 키워드 수정만 있을 뿐. 이러한 근거 있는 자신감으로 오늘 퇴근 후 대학 동기 녀석과의 저녁 약속까지 잡아 놓았다.

'어떠신가요? 파이팅 넘치는 제 기획서가?'

속으로 당당히 물은 지 한참 만에 팀장이 내게 말을 던진다.

"도대체 생각이 있는 거야, 없는 거야? 수정을 한 게 겨우 이거야? 대체 하고 싶은 말이 뭐야?"

충격이다. 이번만큼은 자신 있었다. 이전에 만든 어느 기획서보다 많은 시간을 고민하고 검토했다.

"생각이 있는 거냐?"라는 팀장의 질문에 나도 모르게 "당연히 있다"

라고 대답할 뻔했다.

팀장 손에 들린 빨간 펜이 날 선 춤을 추기 시작한다. 수정 사항으로 빨갛게 물들어 가는 기획서처럼 내 얼굴도 순식간에 벌겋게 달아오른다. 가슴이 갑자기 먹먹해진다. 춤을 추는 팀장의 빨간 펜을 보고 있으니 정신이 그만 아득해진다.

정신을 가다듬고, 머리카락이 얼마 남지 않은 팀장의 뒤통수 너머로 시선을 돌려 창밖을 바라본다. 내 눈동자는 머물 곳을 찾지 못하고 이리저리 떠돈다. 안구에 찬 습기가 흐릿하고 뿌옇게 동공 전체에 퍼진다.

'쉽고 친절하게 기획서 작성법을 알려 주는 선배가 있으면 좋을 텐데……'

도움의 손길이 간절했다.

그후로 10년의 세월이 지났다.

나는 다행히 조직에서 살아남아 '기획서 작성'을 주제로 강의를 하고 있다. 나를 괴롭히던 기획서는 어느새 내 필살기가 되었다.

강의를 거듭하며 나는 기획서를 제대로 작성하고 싶지만 뜻대로 되지 않아 괴로워하는 사람들이 많다는 것을 알게 되었다. 예나 지금이나 기획서는 여전히 우리를 괴롭히는 중이다.

이 책은 기획 전문가의 거창하고 일방적인 내용 전달이 아니다. 11년 차 직장 선배가 후배에게 솔직 담백하게 전하는 기획서 작성 이야기다. 실무에 도움이 되지 않는 어려운 이론은 과감히 삭제하고, 실무자의 입장에서 쉽게 공감할 수 있도록 실제 조직의 상황을 반영하여 내용을 구성하였다. 무엇보다 기획서에 들어갈 주요 항목별 작성 방법을 정리하여 누구나 기획서를 쉽게 작성할 수 있도록 하였다.

아무쪼록 이 책이 기획서 작성으로 힘들어하는 직장인들에게 조금이라도 도움이 될 수 있다면 저자로서 더할 나위 없이 기쁠 것이다.

1장

기획의 본질

기획과 계획의 차이

'기획과 계획의 차이는 무엇일까?'

신입사원 시절, 나를 괴롭히던 질문이다. 아마도 이 질문에 사신 있게 대답할 수 있는 직장인은 많지 않을 것이다. 심지어 기획과 계획을 같은 의미라 생각하고 혼용해서 사용하는 사람도 적지 않다. '사업 기획서'라 고도 하지만 '사업 계획서'라 부르기도 하는 것처럼 말이다.

"의미만 통하면 됐지 피곤하게 따질 필요 있나요?"라고 반문하는 사람 도 있을지 모르겠다. 그러나 대충 알고 넘어가기에 이 둘의 차이는 크다.

기획과 계획 사이

기획은 일의 시작과 방향을 설정하는 것에 중점을 두는 반면 계획은 이미 정해진 일의 구체적인 실행 방안을 수립하는 것에 중점을 둔다.

이해하기 어렵다면 일상의 사례를 들어 생각해 보자. 복잡하고 애매할 때는 구체적인 사례로 생각해 보는 것이 최고다.

먼저 계획부터 살펴보자. 여행을 '계획'할 때 우리는 주로 무엇을 떠올리는가?

'어디로 가지?'

'뭘 타고 가지?'

'전체 예산은 얼마로 책정할까?'

'언제부터 언제까지 다녀올까?'

이렇듯 우리는 계획 단계에서 언제, 어디를, 어떻게, 얼마의 예산으로 갈지 여행에 대한 구체적인 실행 방안을 고민한다. 이것이 바로 '하우 투 두(How to do)'의 영역이다.

이번에는 시간을 조금 앞당겨 보자.

일을 할 때에는 순서라는 것이 있다. 갑자기 아무 생각 없이 여행을 떠날 리 없다. 여행 계획을 세우기 전에 고민하는 부분이 무엇인지 떠올려 보자.

'요새 스트레스가 많이 쌓인 것 같아.'

'스트레스를 해소하고 싶은데 어떻게 하지?'

'맞아! 지난번에 여행을 갔다 왔더니 스트레스가 사라지고 몸과 마음이 재충전되었어.'

'오케이! 이번에도 여행을 떠나 볼까?'

'좋아, 여행 계획을 세워 보자!'

이와 같이 우리는 여행을 계획하기에 앞서 '왜?'라는 문제의식(누적된 스트레스)과 이를 해결하기 위해 '무엇을(스트레스 해소를 위한 여행)' 할지 생각한다. 이것이 바로 '와이 투 두(Why to do)'와 '왓 투 두(What to do)'의 영역이다.

정리하자면 기획은 일의 시작부터 실행까지를 결정해 나가는 과정으로 '왜, 무엇을, 어떻게 할 것인지' 고민하고 구체화하는 것을 의미한다.

반면에 계획은 이미 정해졌거나 주어진 일을 '어떻게 할 것인지'에 대해서만 다룬다. 기획과 계획은 서로 일정 부분 겹치기도 하지만 기획이 계획을 포함하는 더 큰 개념이라 할 수 있다.

둘의 관계를 벤 다이어그램으로 표현하면 다음과 같다.

기 획
WHY TO DO
WHAT TO DO

계 획
HOW TO DO

계획은 기획 안에 포함되어 있다.

기획서는 자신의 기획을 문서에 글로 표현한 것이다. 기획의 의미를 명확히 이해하지 못한 채 기획서를 작성하는 것은 축구 선수가 축구의 룰도 모른 채 경기를 뛰는 것과 같다. 훌륭한 기획서는 올바른 기획 아래에서 탄생한다.

기획에 대해 좀 더 알아보자.

기획의 목적

그렇다면 우리는 왜 기획을 하는 걸까?

'기획 관련 부서에 배정받았기 때문에?'

'상사가 시키니까 어쩔 수 없이?'

상황에 따라 맞는 답일 수도 있으나 필자가 의도한 답은 아니다.

우리는 비즈니스 상황에서 발생하는 다양한 문제를 해결하기 위해 기획을 한다. 기획의 목적은 '문제 해결'이다.

문제를 찾아 헤매는 사람들

기획의 정의만큼이나 '문제'의 의미 또한 매우 중요하다. 모든 기획은 문제의식에서 출발하기 때문이다. '문제'가 발생하고 있음에도 이를 제대로 인식하지 못한다면 기획의 첫발을 뗄 수 없다. 반대로 아무것도 아닌 상황을 '문제'로 인식해 기획 업무를 시작한다면 귀중한 시간만 낭비하게 된다.

문제는 현재 상태와 이상적인 상태의 차이를 말한다.

그렇다면 '문제'란 무엇일까? 비즈니스 상황에서 '문제'란 현재 상태와 이상적인 상태의 차이(Gap)를 의미한다. 현재 상태는 '지금 사실로 존재하는 사건이나 상태'를 의미하며, 이상적인 상태는 '희망하는 바람직한 미래 모습이나 목표'를 말한다.

다음 예시문을 통해 '문제'가 무엇인지 자세히 살펴보자.

토요일 오후, 봉구는 소개팅을 하러 가기 위해 멋지게 옷을 차려입고 집을 나섰다. 최근에 새로 산 승용차를 몰고 소개팅 장소로 가는 도중 지갑을 두고 온 것을 알아채고 집으로 돌아가 지갑을 챙겼다. 다시 차를 몰고 소개팅 장소로 가는 길. 주말 나들이 차량으로 교통량이 많은 데다 도로 한복판에서 트럭 전복 사고까지 나는 바람에 차가 심하게 막혔고, 결국 상대방과 만나기로 한 시간보다 한 시간가량 늦고 말았다. 이 상황에서 봉구의 문제는 무엇인가?

필자가 강의를 할때 교육생들에게 봉구의 문제가 무엇인지 질문하면 예상치 못한 창의적인 답변들이 나온다.

"교통체증이 심한 주말에 대중교통을 이용하지 않은 것이 문제다."

"지갑을 두고 온 것이 문제다."

"휴대전화 결제 어플리케이션을 사용할 줄 모르는 게 문제다."

"전복 사고를 발생시킨 트럭 기사가 문제다."

"새로 산 차를 자랑하려고 한 봉구가 문제다."

똑같은 예시문을 보고도 이처럼 다양한 답변이 나온다. 그 이유는 각자가 생각하는 문제의 정의가 다르기 때문이다.

앞서 정리한 '문제'의 정의를 바탕으로 봉구의 문제를 정리하면 '소개팅 장소에 제시간에 도착하지 못하고 한 시간 늦게 지각한 것'이 된다.

그렇다면 교육생들이 대답한 것은 무엇인가? 교육생들은 문제(소개팅 장소에 제시간에 도착하지 못하고 한 시간 지각한 것)의 원인, 즉 '문제점'을 이야기한 것이다.

해결 과제와 제약 조건

앞서 기획의 목적은 '문제 해결'이라고 했다. 그렇다면 봉구는 문제를 해결(소개팅 장소에 제시간에 도착)하기 위해 무엇을 해야 하는가?

'눈에 잘 띄는 장소에 지갑을 보관한다.'

'휴대전화에 결제 어플리케이션을 설치한다.'

'주말에는 버스나 지하철 등 대중교통을 이용한다.'

이 정도로 대답할 수 있을 것이다. 이렇듯 문제 해결을 위한 구체적인 방안들을 '해결 과제'라 부른다.

여기서 한 가지 주의해야 할 사항이 있다. 바로 트럭 전복 사고와 관련된 일이다. 트럭 전복 사고는 봉구의 통제 범위를 벗어난 일이다. 봉구가 신이 아닌 이상 그의 힘으로는 어찌할 방법이 없다. 전날 트럭 기사에게 찾아가 내일 교통사고가 날지도 모르니 조심하라고 일러 줄 수도 없지 않은가?

이처럼 '해결 과제'를 선정할 때는 통제 가능성을 고려하는 것이 중요하다. 조직의 통제 범위에서 벗어난 일을 '해결 과제'로 제시해 봤자 문제 해결에는 아무런 도움이 되지 않기 때문이다.

트럭 전복 사고와 같이 자신의 통제 범위를 벗어나 문제 해결이 불가능한 일을 '제약 조건'이라 한다. 시시각각 변화하는 글로벌 경제 환경(유가 폭등, 환율 급등, 인플레이션 등)이나 국가 정책(일본의 반도체 수출 규제, 주 52시간 근무 제도 등), 국가 재난(태풍, 산불, 쓰나미 등) 등이 이러한 제약 조건에 해당한다.

기획을 하다 보면 '해결 과제'와 '제약 조건'을 혼동하는 경우가 종종 생긴다. 문제를 효과적으로 해결하기 위해서는 먼저 '해결 과제'와 '제약 조건'을 명확하게 분리할 수 있어야 한다. 그리고 통제할 수 없는 '제약 조건'에 에너지를 쏟기보다는 '해결 과제'에 온전히 집중해야 야근도 덜 하고 일 잘한다는 소리도 들을 수 있다.

시작은 누구나 막막하다
: 기획의 논리 흐름

　학창 시절 글짓기 시간을 떠올려 보자. 누구나 마찬가지였겠지만 나 역시 글을 시작하는 일은 늘 막막했다. 어떤 내용으로 도입 부분을 채워 나가야 할지 도무지 감을 잡지 못했다. 일단 쓰고 보자는 심산으로 무턱대고 시작했다가 중간에 길을 잃고 우왕좌왕했던 경험도 많다. 여러 내용이 얽히고설켜 뒤죽박죽된 탓에 좀처럼 갈피를 잡지 못했던 것이다. 최악의 경우, 시간을 들여 작성한 문장을 상당 부분 들어내고 수정을 하기도 했는데 그 작업이 처음부터 다시 글을 쓰는 것보다 훨씬 까다로웠다.

　이런 어려움을 해소하려면 글을 쓰기 전에 이정표 역할을 하는 글의 흐름을 설계하는 것이 중요하다. 보통 글의 종류에 따라 기본적인 흐름이 있게 마련이다. 논문이나 주장 글에는 서론, 본론, 결론의 구조가 쓰이고, 소설에는 발단, 전개, 위기, 절정, 결말 또는 기승전결의 흐름이 주로 사용된다.

다행히 기획을 할 때도 이처럼 가이드 역할을 하는 흐름이 존재한다. 앞서 기획의 목적은 '문제 해결'이라고 했다. 그래서 기획을 할 때에는 문제와 해결책을 중심으로 흐름을 전개하면 된다. 쉽게 말해 '이러한 문제가 있어 이렇게 해결하려 합니다'라는 식이다. 다만 비즈니스 상황에서는 의미가 어렵거나 다루어야 할 내용이 많아 글의 전개 방식이 복잡해질 수 있다. 이때 일관성 있고 논리 정연하게 글을 쓰도록 도와주는 흐름이 바로 'Why – What – How'다.

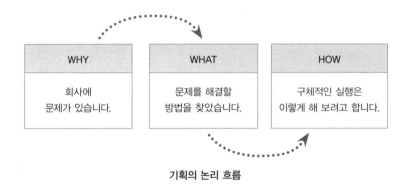

기획의 논리 흐름

'Why'는 '회사의 문제가 무엇인지(문제 설정)', 'What'은 '문제 해결을 위해 무엇을 해야 하는지(해결 방법)', 'How'는 '구체적인 실행을 어떻게 할 것인지(실행 방안)'에 대한 내용으로 구성하면 된다.

선배들이 작성한 회사의 기획서들을 살펴보자. 'Why — Wha — How'의 논리 흐름에서 크게 벗어나지 않을 것이다. 이러한 기획의 흐름은 세부적인 표현 방식이 조금 다를 뿐 주제와 상관없이 모든 기획서에 동일하게 적용할 수 있다.

각 단계의 특징을 더 살펴보자.

Why 단계

첫 번째 'Why' 단계는 전체 흐름 중에서 제일 중요한 단계다. 상사에게 보고할 때 'Why' 단계의 내용이 불명확하고 설득력이 없으면 다음 단계로 넘어가지도 못하고 즉시 수정 작업에 돌입해야 하기 때문이다. 한마디로 'Why' 단계는 기획서의 문지기 역할을 한다고 볼 수 있는데, 난이도로 치면 끝판왕에 가깝다. 반면에 'Why' 단계를 문제없이 통과하면? 'What'과 'How' 단계도 하이패스로 통과할 수 있다.

'Why' 단계에서는 기획자의 문제의식이 드러난다. 그러므로 기획자가 생각하는 문제가 개선되지 않고 지속될 경우 회사나 조직이 입게 될 손해를 구체적인 수치와 함께 담으면 기획의 명분이 강해진다.

만약 상사가 판단하기에 실무자가 제시한 기획의 배경(Why)이 마음에 들지 않거나 미흡하다면? 축하한다! 당신은 지금 막 야근행 급행열차에 탑승했다.

What 단계

'What' 단계는 문제 해결을 위한 방향성 및 해결 과제를 제시하는 단계다. 상사는 명확한 문제 설정만큼이나 구체적인 해결책에도 관심을 갖는다.

"김 대리, 이렇게 하면 정말 문제가 해결될 수 있는 거야?"

"그 효과는 어느 정도로 설명할 수 있지?"

거창한 문제 상황에 비해 구체성이 떨어지고 빈약한 해결 방안을 제시하면 반쪽짜리 기획이란 소리를 듣기 십상이다.

How 단계

마지막 'How' 단계는 앞서 'What' 단계에서 제시한 해결 과제의 실행을 위해 현실성을 담보하는 단계다. 보통 해결 과제의 실행 계획을 수립하며 필요한 예산, 기간, 담당자에 대한 구체적인 정보가 실린다.

이 단계에서 상사는 구체적이고 현실적인 실행 계획을 확인해야만 비로소 실행에 대한 걱정을 덜고 불안한 마음에서 벗어날 것이다.

누구를 위한 기획서입니까?

모든 기획은 문제 해결을 전제로 한다. 그리고 문제 해결의 수혜자는 고객이어야 한다. 그런데 기획 업무를 하다 보면 주객이 전도되는 상황이 종종 생긴다. 고객이 아닌 제삼자의 입장이 고려되는 경우다.

특히 실무자는 많은 유혹을 받는데, 실행 단계까지 책임져야 하는 입장이라 향후 자신이 업무하기 편한 방식으로 일을 기획하는 것이 그중 하나다. 말 그대로 고객 중심이 아닌 실무자 중심의 기획이 탄생하는 것이다.

현관문이 통유리로 된 아파트

2013년, 현관문을 통유리로 만들어 밖에서도 집 안이 훤히 보이는 아파트가 등장해 논란이 된 적이 있었다. 한국토지주택공사(LH)가 서울 강남에 지은 임대아파트가 바로 그 주인공이었다. 당시 이 아파트를 본 사람들은 충격에 빠졌다. 그리고 한국토지주택공사 측의 설명을 듣고 더 큰 충격에 휩싸였다.

그 당시 담당자는 입주민들 간의 상생과 소통을 활성화하기 위해 통유리로 된 현관문을 설계했다고 설명했다. 그러나 유리 현관문을 통해 집 안이 훤히 들여다보이는 만큼 당연히 사생활 침해에 따른 입주민들의 민원이 거세게 일었다. 아파트를 설계하고 건설하는 동안 실제 고객인 아파트 입주민들의 입장을 전혀 고려하지 않은 것이었다.

이후 이 사례는 고객 중심 사고를 하지 않아 발생한 최악의 기획으로 회자되곤 한다.

GE 헬스케어팀이 디자인한 MRI

GE 헬스케어팀의 수석 디자이너인 더그 디츠는 자신이 개발한 MRI(자기공명 영상장치) 장비가 잘 운영되는지 확인하기 위해 병원에 들렀다. 그는 그곳에서 소아 환자가 MRI를 보고 겁에 질려 우는 모습을 목격하였고 원활한 검사를 위해 검사 시간 동안 소아 환자를 마취시킨다는 사실도 알게 되었다. 디츠는 그 순간 소아 환자들이 MRI 검사를 받으며 어떤 감정을 느낄지에 대해 자신이 단 한 번도 생각한 적이 없다는 것을 깨달았다.

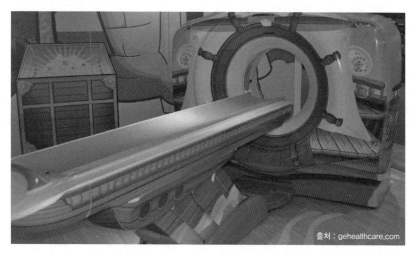

출처 : gehealthcare.com

디츠가 새롭게 설계한 소아 환자용 MRI 검사 장비

　이후 그는 아동병원에서 일하는 심리상담사, 간호사, 방사선 전문의 등의 전문가들을 통해 소아 환자들의 심리를 면밀히 파악하였다. 그는 아이들이 어떻게 MRI 검사를 받아들이고 경험하길 원하는지 알아낸 다음 그 의견을 반영해 MRI 검사실을 어린이를 위한 모험 공간으로 바꾸었다.

　먼저 기계 외부와 검사실의 모든 표면에 색색의 장식물을 붙여 검사 장비를 가렸다. 장식물은 놀이공원에서 볼 수 있는 해적선을 본떠 디자인했으며 나무로 만든 커다란 키가 MRI 기계 입구를 에워싸고 있는 외관으로 만들었다. MRI 검사를 받고 나서는 소아 환자들이 검사실 한쪽 벽에 있는 해적의 가슴에서 작은 보물을 하나 꺼내 가질 수 있도록 하였다.

　그 결과 소아 환자에 대한 마취제 투여가 급격히 줄어들었고, 환자들의 만족도 지수도 기존 대비 90퍼센트가 상승했다.

고객 중심 사고로 개발한 장비 덕분에 환자인 아이, 부모, 의료인 모두 좋은 결과를 얻게 된 것이다.

앞서 소개한 두 사례를 통해 고객 중심 사고가 기획의 결과에 얼마나 큰 영향을 미치는지 살펴보았다.

업무를 하다 보면 고객을 잊는 경우가 종종 생긴다. 현실과 타협하고 적절한 선에서 기획을 마무리하려는 유혹이 시도 때도 없이 찾아온다. 그러나 중요한 의사 결정의 순간에는 고객의 입장을 최우선에 두어야 한다.

아무리 새롭고 혁신적인 아이디어라도 고객이 가진 문제를 해결하지 못한다면 그 기획은 잘못된 기획이다.

기획자가 편할수록 고객은 불편해진다. 제대로 된 문제 해결을 원한다면 기획이 마무리되는 시점까지 고객의 관점을 유지하도록 하자.

상사의 생각이 궁금합니다

신입사원 시절의 일이다.

'저 인간은 일하러 회사 다니는 것 맞나?'라는 생각이 드는 선배가 있었다. 업무는 설렁설렁, 퇴근은 늘 정시보다 10분 빨랐다. 한눈에 보기에도 모범적인 직장인과는 거리가 멀었다. 소위 '월급 루팡'의 전형.

반면에 누구보다 열정적으로 회사생활을 하는 선배도 있었다. 주말도 반납하고 야근도 불사했다. 쉴 새 없이 일을 하는 업무의 화신. '회사 사장이라도 저렇게는 일 못 하겠다'라는 생각이 들 정도였으니 말 다했다.

그러나 두 선배의 첫 인상은 그리 오래가지 않았다. '월급 루팡' 선배의 기획서는 언제나 높은 확률로 상사에게 '컨펌'되었고, '업무의 화신'인 선배의 기획서는 상사에게 깨지기 일쑤였다.

'컨펌'되는 기획서는 무엇이 다른가?

회사에서 말하는 '컨펌'이란 업무를 진행하는 데 필요한 절차상의 확인 또는 확정을 뜻하는 용어로 크게는 상사나 의사 결정권자의 허락과 승인을 포함하기도 한다.

회사에서 일을 할 때에는 크고 작은 모든 의사 결정 사항에 대해 반드시 상사의 '컨펌'을 받아야만 한다. 이때 '하수'와 '선수'의 차이는 상사로부터 컨펌을 득하는 순간 드러난다.

'하수'는 상사에게 컨펌을 받기 위해 노력하지만 '선수'는 상사로 하여금 컨펌을 할 수밖에 없도록 만든다.

상사의 공격

필자가 상사에게 기획 업무를 처음 지시받았을 때 '내 실력을 보여 줄 절호의 찬스가 왔다'라고 생각했다. 그렇게 꼬박 이틀의 시간을 쏟아부어 완성한 필자의 첫 번째 기획서는 팀의 구성원으로서 내 몫의 일을 해냈다는 성취감과 자부심을 맛보게 해 주었다.

'일을 너무 잘하면 업무가 몰려 힘들다고 하던데 좀 적당히 할걸 그랬나?'라고 생각하며 자아도취에 빠져 있는데 기획서를 본 지 10초도 채 안 되어 상사의 미간이 찌푸려지는 것을 보자 모든 것이 혼자만의 착각이었음을 알았다.

그리고 깨달은 한 가지 교훈. 상사의 생각과 실무자의 의견이 같을 때 상사는 기획서를 '컨펌'한다는 것. 반대로 상사의 생각과 실무자의 의견이 다르면? 상사의 자비 없는 맹공격이 시작된다.

상사는 답을 이미 알고 있다

기획서를 본격적으로 작성하기 전에 확인해야 할 것이 하나 있다.

'상사는 도대체 무엇을 원하는가?'

사실 이 점만 안다면 기획서의 절반은 완성했다 봐도 무방하다. 상사는 실무자가 자신이 원하는 대답을 알고 그 점을 기획서에 명확하게 표현해 주길 바란다는 설문조사가 이를 증명한다.

중요한 것은 당신이 말하고 싶은 것이 아니다. 당신이 중요하다고 생각하는 것도 아니다. 우리가 오랜 시간 고민해야 하는 것은 '상사가 기대하는 메시지인가 아닌가'의 여부다.

부부만 같은 곳을 바라보는 것이 아니다. 실무자도 상사와 같은 방향을 바라봐야만 상사로부터 전폭적인 지원을 받을 수 있다.

다행히 우리는 우리의 상사가 누구인지 명확히 알고 있다. 그리고 언제든지 그들에게 물어볼 기회가 있다. 그럼에도 불구하고 '상사가 원하는 것이 무엇인지', '기획서에 반드시 들어가야 할 메시지가 무엇인지' 질문하지 않는 것은 실무자로서 직무를 유기하는 것이나 다름없다.

침묵은 더 이상 금이 아니다. 소통의 핵심은 '빈도'다.

신입사원 시절 '월급 루팡' 선배가 던진 말이 내 가슴을 파고들었다.

"너의 문제는 질문을 못 하는 게 아니라 안 하는 거야."

대한민국 직장 상사 유형

현실은 늘 이상과 다르다. 언제나 예외 상황이 존재한다.

똑똑하고 일 잘하는 사람이 늘 승승장구하는 것은 아니다. 각자 자신이 다니는 회사를 생각해 보라. '저 사람은 정말 아니야'라고 생각했던 사람이 보란 듯이 승진한다. 그리고 어김없이 내 상사가 된다.

2014년 LG경제연구소에서 발표한 '헛손질 많은 우리 기업, 문제는 부지런한 비효율이다'라는 제목의 글이 직장인들에게 많은 공감을 받았다. 점잖게 표현해서 부지런한 비효율이지 한마디로 삽질을 많이 한다는 뜻이다. 당신과 나, 우리 모두 이러한 현실에서 자유롭지 못하다.

오래전부터 직장인들 사이에서 회자되었던 직장 상사 분류법을 통해 더 자세히 살펴보자.

다음 그림과 같이 가로축을 능력, 세로축을 성실성으로 구분하면 직장 상사를 총 네 가지(똑게, 똑부, 멍부, 멍게) 유형으로 나눌 수 있다. 각 유형의 특징은 다음과 같다.

똑게 : 똑똑하지만 게으른 유형

이 유형의 상사는 자기 위치에 따른 업무는 제대로 파악하고 있으나

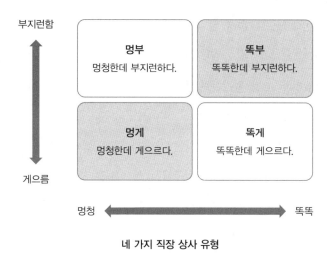

네 가지 직장 상사 유형

약간 게을러서 업무를 부하직원에게 살 떠넘긴다. 좋게 말하면 권한 위임에 능하다고 말할 수 있다. 대신 머리가 좋기 때문에 업무 초기에 일의 방향을 제대로 지시하고, 경영진의 압력을 막아 주기도 한다.

부하직원들은 다소 일이 많더라도 성장 가능성이 높다는 점과 시간의 압박이 덜하다는 점에서 '똑게' 상사를 높이 평가한다.

똑부 : 똑똑한데 부지런하기까지 한 유형

'똑부'는 해야 할 일과 업무 방향을 잘 알고 또 열심히 하기 때문에 부하직원도 열심히 일할 수밖에 없다. 그러나 이런 상사는 부하직원의 업무에 간섭이 심하고 부하직원이 결정을 내릴 기회를 주지 않는다.

임원인데 실무자처럼 일하는 유형으로, 부하직원은 판단력을 키울 기회가 없어 성장 가능성이 상대적으로 낮고 많은 시간 혹독하게 일해야 하므로 '똑게' 상사보다 인기가 적다.

멍게 : 멍청한데 게으르기까지 한 유형

흔히 '멍게' 리더를 최악으로 꼽는 경향이 있지만 반드시 그렇지만은 않다. 이 유형은 조직에 크게 도움을 주지 못하는 것이 사실이지만 심각한 피해도 주지 않기 때문이다.

이 유형의 상사를 둔 부하직원은 상사가 의사 결정력과 행동력이 떨어지기 때문에 혼자 결정하고 판단해서 실행해야 하는 경우가 많다. 그렇지만 그만큼 자연스레 기회가 생기기 때문에 자신의 능력 여하에 따라 인정받고 승진할 수 있는 가능성도 매우 높다. 한편 회사에서는 당연히 '멍게'를 가만 둘 리 없다. 그러므로 이 유형은 겉으로는 부지런한 척하는 경우가 많으니 유의해서 살펴보자.

멍부 : 멍청한데 부지런하기만 한 유형

대한민국 직장인들의 이직 사유 1순위가 상사와의 갈등이라고 한다. 여기서 말하는 상사는 대부분 '멍부' 유형이다. '멍부'는 일의 방향이나 의사 결정의 타이밍을 잘 알지도 못하면서 공공연히 부지런을 떤다. 그러나 대부분 불필요한 경우라 부하직원은 성과와 상관없는 삽질을 열심히 하게 된다. 더 큰 문제는 '멍부' 밑에서 배운 것 없이 성장한 후배는 장래에 또 다른 '멍부'가 될 확률이 높다는 것이다.

이러한 상사 유형 나누기를 그저 재미로 여기는 독자가 있을지도 모르겠다. 그러나 실제로 회사에 입사하면 '멍부' 유형의 상사를 만날 확률이 의외로 높다. 그렇다면 일의 방향이 불분명한 '멍부' 유형의 상사는 어떻게 대처해야 할까?

'멍부' 상사에게는 '아이디어 잽'을 여러 번 날려 일의 방향을 구체화하는 작업이 필요하다. 쉽게 말해 구체적인 아이디어를 몇 가지 던져 상사의 판단을 유도하고, 일의 방향성을 예측하는 것이다. 다음은 '아이디어 잽'으로 일의 방향을 도출하는 프로세스다.

1. 본격적으로 기획 업무에 들어가기 전에 "~~를 의미하시는 건가요?", "예를 들어 ~~라면 어떻습니까?"라고 업무 방향에 대해 자신의 아이디어를 이야기한다.
2. 어떤 것을 좋아하고 어떤 것을 탐탁지 않아 하는지 상사의 반응을 유심히 살핀다.
3. 상사의 반응에 따라 업무를 진행할 때 상사가 원하는 기대 수준과 아웃풋 이미지가 무엇인지 추정한다.
4. 의문이 풀릴 때까지 1~3의 프로세스를 반복한다.

상사의 업무 스타일을 파악하라

상사가 100명이면 컨펌 스타일도 100가지라는 말이 있다. 업무를 수행하는 과정에서 상사와 자신이 어떤 점이 같고 다른지 점검해 보는 것은 부부나 연인, 친구 사이 케미(궁합)만큼이나 매우 중요하다.

당신의 상사는 어떤 업무 스타일을 갖고 있는지 파악해 보자.

- 기획서의 선이나 레이아웃에 민감한가?
- 문장의 길이가 짧고 간략한 문장을 선호하는가?
- 기획서를 꼼꼼하게 보는 편인가, 아니면 큰 방향만 훑어보는가?
- 선호하는 보고 유형과 시간대가 있는가?

기획서 컨펌은 전략이다. 상사와 나의 업무 스타일을 바르게 이해하고 둘의 차이를 보완해야만 원활한 의사 결정과 수월한 업무 진행을 도모할 수 있다.

컨펌의 역학

직장인들이 하는 대표적인 착각 중 하나가 기획서만 잘 쓰면 상사로부터 컨펌받을 수 있다고 생각하는 것이다. 그렇지 않다. 아무리 좋은 기획서라 해도 상사에게 컨펌받기 어려울 때가 있다. 컨펌이란 행위에는 보이지 않는 다양한 역학이 숨어 있기 때문이다.

실제로 동일한 기획서로 보고했는데 누구는 컨펌이 되고 누구는 컨펌이 되지 않는 경우를 종종 볼 수 있다. 성과나 능력으로 평가한다는 말은 경영학 이론에서나 나오는 이상적인 이야기다.

사실 기획서에 대한 평가는 상사 마음이다. 훌륭한 기획서를 작성하는 것이 능사는 아니다. 기획서는 기획 단계와 보고 단계 없이 홀로 설수 없다. 그리고 각 단계의 중심에는 상사가 있다. 평소 상사에게 보여

준 태도나 자세가 불량하면 아무리 잘 쓴 기획서라 해도 좋은 평가를 받기 어렵다.

자신이 원하는 대로 일을 추진해 나가기 위해서는 일차적으로 자신의 업무 능력을 탁월한 수준으로 끌어 올려야 한다. 그리고 내 기획서에 사인을 하는 상사의 생각을 읽어 내고 상사와 원만한 관계를 유지해야만 비로소 컨펌을 이끌어 낼 수 있다.

일단 큰 그림부터 그리자

: 가설 기반 사고

　회사에서 일을 할 때는 늘 업무에 쫓긴다. 업무 기한이 늘 아삽(ASAP)이기 때문이다. 아삽이 뭐냐고? '가능한 한 빨리(As soon as possible)'를 뜻하는 영문의 머리글자를 따서 만든 용어다.

　"이거 언제까지 보고할 수 있어?"

　"내일까지 내 책상 위에 기획서 올려놔."

　"김 대리, 퇴근 전까지 초안 보고해."

　업무는 쉴 새 없이 쌓이고 시간은 늘 부족하다. 그렇기 때문에 하나부터 열까지 여유롭게 자료를 조사하고 분석하는 것은 불가능에 가깝다. 이럴 때 기획자에게 필요한 것이 '가설 기반 사고'다.

가설이란 무엇인가?

가설이란 검증되지 않았으나 현시점에서 가장 정답에 가까운 생각을 말한다.

일을 잘하는 기획자는 자료가 미처 충분하지 않거나 분석이 모두 진행되지 않은 단계에서 자기 나름대로의 결론을 생각한다. 이러한 임의의 결론이 '가설'이다.

한마디로 가설 기반 사고는 결론부터 생각하는 사고방식이다.

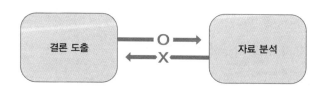

가설 기반 사고는 결론을 먼저 도출한 후에 자료를 분석하여 가설을 검증한다.

가설 기반 사고의 유용성

정보가 많을수록 올바른 결정을 내리기 쉬울까? 아니다. 과잉 정보는 오히려 기획자의 판단을 흐리게 한다. 가설 기반 사고는 불필요한 정보를 사전에 차단하는 역할을 수행하기 때문에 자료를 쓸데없이 분석하는 데 시간을 낭비하지 않게 한다. 또한 충분한 분석이나 근거가 없는 단계에서도 기획자가 전체 스토리와 큰 그림을 빠르게 구상할 수 있도록 돕는다.

물론 가설 기반 사고에 대해 부정적인 반응을 보이는 사람들도 있다.

"결론을 먼저 내놓고 끼워 맞추는 식이다."

"편향적 사고에 갇혀 자기가 보고 싶은 것만 본다."

"잘못된 가설 기반 설정으로 시간을 낭비하게 한다."

가설 기반 사고는 이처럼 다양한 우려와 반론이 존재한다. 그럼에도 불구하고 모든 자료를 수집하고 분석하는 것보다는 항상 그 결과가 우위에 있다.

이 세상에 존재하는 모든 자료를 찾아 분석하고 대안을 수립하는 것은 현실적으로 불가능하다. 그러므로 기획자는 가설 기반 사고를 통해 나름의 결론을 먼저 확보하고, 이를 빠르게 수정해 나가면서 업무를 처리하는 능력을 키워야 한다.

우리 팩트로 말합시다
: 사실 기반 사고

"시나리오 쓰고 있네."

영화 〈타짜〉에서 주인공 '고니'가 '아귀'에게 던진 명대사다. 이 말은 회사에서 보고나 회의를 할 때도 심심치 않게 들을 수 있다. 혹시 본인이 이런 말을 자주 듣는다면 기획자로서 '사실 기반 사고'를 전혀 하지 못하고 있다고 생각하면 된다. 이런 소리를 계속 듣다 보면 마지막에는 이런 말까지 들을지도 모른다.

"넌 될 수 있으면 말하지 마라. 듣는 사람 속 터지니까."

그러나 우리는 묵언수행을 하러 회사에 다니는 것이 아니다. 가뜩이나 힘들게 회사생활을 하는데 자신의 의견을 제대로 표현하거나 전달하지 못한다면 그곳은 지옥이나 마찬가지일 것이다.

그렇다면 왜 상사에게 이런 말을 듣는 것일까? 그것은 우리가 명확한 근거 없이 자신의 주장을 내세우기 때문이다.

사실과 의견의 차이

 '사실'은 경험한 것이나 조사한 것, 실험한 결과 등에 대해 있는 그대로를 나타낸 것이고, '의견'은 사실에 대한 생각이나 느낌, 판단을 나타낸 것이다.

 예를 들어 '축구는 두 팀이 발이나 머리를 사용하여 공을 상대편 골대에 넣는 경기로 많이 득점한 팀이 승리하는 스포츠다'라는 말은 축구에 대하여 있는 그대로 설명한 것이므로 사실이지만, '축구는 이 세상에서 가장 재미있고 신나는 스포츠다'라고 말한다면 이것은 그 사람의 개인적인 생각이므로 의견이다.

 '사실'은 사람에 따라 내용이 달라지거나 해석의 차이가 발생하지 않는다. 그러나 사물을 보는 태도나 느낌, 판단 등은 사람에 따라 다르다. 그렇기 때문에 똑같은 사실을 놓고도 그에 따른 '의견'은 달라질 수 있다. 다시 말해 '사실'은 객관적인 데 반해 '의견'은 주관적이라는 점이 다르다.

사 실	의 견
• 개인의 생각과는 관계없다. • 객관적으로 증명할 수 있다. • 실험의 결과로 밝혀졌거나 연구 결과로 얻은 보편적 진리다.	• 개인 감정이 담겨 있다. • 객관적으로 증명할 수 없다. • 구체적 근거를 제시하지 못하고 막연한 표현을 사용한다.

사실과 의견의 차이

상사에게 자신의 의견을 말할 때는 반드시 근거가 있어야 한다. 이때 그 근거는 틀림없는 사실(Fact)이어야 한다. 근거를 제대로 제시하지 못하면 '근거도 없이 자신감만 충만하다'라는 말을 듣게 된다.

비즈니스 상황에서 올바른 의사 결정을 하기 위해서는 사실과 의견을 명확히 구분하는 훈련이 필요하다. 그리고 의견이나 주장을 내세울 때에는 사실을 기반으로 추론해야만 상대방을 설득할 수 있다.

MECE와 로직 트리
: 논리 기반 사고

논리란 어떠한 의견을 '이치에 맞게 이끌어 가는 과정이나 원리'라는 뜻으로 회사에서 업무를 수행할 때 기본이 되는 역량이다. 그리고 이러한 논리를 이야기할 때 빠지지 않는 개념이 'MECE'와 '로직 트리(Logic Tree)'다. 'MECE'와 '로직 트리'를 바탕으로 기획 업무를 하면 논리의 비약을 방지하고 문제의 핵심을 쉽게 파악할 수 있다.

'MECE'의 정의

'MECE'란 '상호 중복이 없고 전체적으로 누락이 없는 것(Mutually Exclusive Collectively Exhaustive)'을 의미한다. 한마디로 '중복과 누락이 없는 분류의 기술'이라 할 수 있다.

세계적인 전략 컨설팅 회사인 '맥킨지 앤드 컴퍼니'에서는 MECE의 개념을 설명할 때 '가위바위보' 게임을 대표적인 예로 든다.

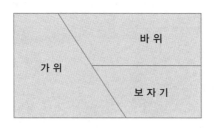

가위바위보는 대표적인 MECE다.

이밖에도 일상생활에서 MECE라 볼 수 있는 사례는 다음과 같다.

– 시간 : 과거, 현재, 미래

– 계절 : 봄, 여름, 가을, 겨울

– 방위 : 동, 서, 남, 북

예를 들어 성인여성을 MECE하게 분류할 때 직장여성과 학생으로만 나누면 주부나 실업자는 포함되지 않아 누락이 생긴다. 또한 직장여성 겸 학생이라는 중복도 발생한다. 그렇다면 성인여성을 MECE하게 분류하려면 어떻게 해야 할까? 연령이나 거주지, 결혼 여부(기혼 또는 미혼) 등을 기준으로 분류하면 누락이나 중복 없이 MECE한 분류가 가능하다.

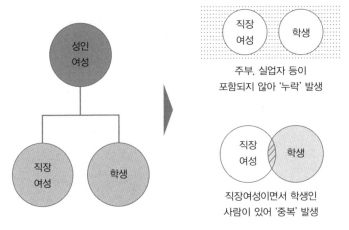

주부, 실업자 등이
포함되지 않아 '누락' 발생

직장여성이면서 학생인
사람이 있어 '중복' 발생

잘못된 MECE 분류

잘못된 MECE 예시

- 사람은 남성, 여성, 아줌마로 나눌 수 있다.(여성과 아줌마 간 중복 발생)
- 영화의 장르는 액션, 스릴러, 공포로 구분할 수 있다.(멜로, 코미디, SF 등 영화 장르의 누락 발생)
- 자동차는 국산차와 현대차로 나눌 수 있다.(국산차와 현대차 간 상호 중복 발생, 수입차의 누락 발생)

MECE가 중요한 이유

MECE는 어떠한 사항을 하나의 기준에 의해 분류하기 때문에 복잡한 사항도 간결하고 체계적으로 정리할 수 있다. 또한 현상을 파악하거나 해결 방안을 도출할 때 한쪽에 편향되지 않고 전체를 파악하여 문제를 바라볼 수 있게 도와준다.

물론 모든 사항을 완벽하게 MECE로 만들기 힘들 수 있다. 현실적으로 모든 사항을 빠짐없이 정리하는 것이 불가능하기 때문이다. 이때는 암묵적으로 동의한다는 판단하에 핵심 사항 위주로 MECE를 분류하면 된다. 중요한 것은 보다 나은 MECE를 만들기 위해 점검하고 고민하는 자세다.

MECE로 분류할 때에는 나누는 기준이 중요하다

MECE로 분류한다고 해서 그 결과가 모두 특별한 의미를 지니는 것은 아니다. 가령 럭셔리 세단의 고객을 분석하기 위해 혈액형이나 자녀 수를 기준으로 고객을 분류한다면 의미 있는 데이터가 나오기 힘들다. 이런 경우 혈액형이나 자녀 수보다는 연봉이나 자산 금액으로 고객을 분류했을 때 더 유의미한 데이터를 얻을 수 있다.

이처럼 MECE로 분류할 때에는 그 기준을 제대로 설정해야 현상의 본질을 꿰뚫는 통찰을 끌어낼 수 있다.

MECE 사고방식으로 사물과 현상을 정리하고 핵심을 파악하려면 반복 연습이 필요하다. 주변의 가까운 것에서부터 MECE 방식으로 정리하는 방법을 찾아보고 이를 익히도록 노력하자.

로직 트리는 무엇인가?

'로직 트리(Logic Tree)'는 문제에 대한 원인이나 과제의 해결 방안을 'MECE'의 사고방식에 기초하여 논리적으로 분해하는 것을 말한다.

일반적으로 상위 개념에 문제 또는 과제를 넣고, 하위 개념에 문제의 원인 또는 과제의 해결 방안을 전개한다. 보통 상위에서 하위(왼쪽에서 오른쪽) 단계로 분해되는 과정을 '브레이크 다운(Break Down)'이라 부르고, 하위 단계에 분해된 요소들이 상위 단계에서 합쳐지는 것을 '그루핑(Grouping)'이라고 한다.

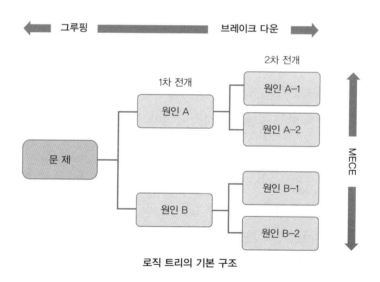

로직 트리의 기본 구조

로직 트리라는 이름은 내용이 전개되며 요소가 분해되는 과정이 마치 나무의 가지가 뻗어 나가는 모습과 흡사하다 해 붙었다.

로직 트리를 분해해 나갈 때에는 주의해야 할 점이 있다. 분해되는 과정이 반드시 MECE하게 진행되어야 한다는 점이다. 1차 전개부터 MECE하지 않으면 중복되거나 누락되는 내용이 지속적으로 발생한다. 그 결과 2차, 3차에서 전개된 내용이 일관성을 잃고 각각의 요소가 충돌해 전체 내용이 논리를 갖지 못한다.

로직 트리의 유용함

그렇다면 로직 트리를 활용해 내용을 작게 분해하는 이유는 무엇일까?

비즈니스 상황에서 문제는 덩어리가 크고 상호 간에 복잡하게 얽혀 있어 그 자체로는 문제의 본질을 파악하기가 매우 어렵다. 본질은 의외로 단순하지만 이를 파악하기란 쉽지 않다. 가급적 작은 크기로 내용을 쪼개 놓아야만 본질을 찾아내 문제를 해결하기 편하다.

또한 개별 업무 단위 정도의 크기로 내용을 분해하면 역할 분담도 가능하고 업무 실행을 위한 우선순위도 정할 수 있어 유용하다.

로직 트리의 종류

로직 트리는 크게 'Why Tree', 'What Tree', 'How Tree' 이 세 종류로 나눌 수 있다.

'Why Tree'는 주로 문제의 원인을 찾을 때 사용한다. '문제의 원인은 무엇인가?'라는 질문으로 로직이 전개되기 때문에 상위에서 하위로 나아가는 과정은 인과관계로 연결된다.

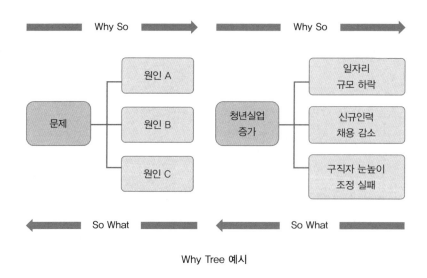

Why Tree 예시

'Why Tree'를 논리적으로 구성하기 위해서는 'Why So', 'So What'을 이해해야 한다. 'Why So'는 말하고자 하는 메시지의 원인 또는 근거를 도출하는 작업이다. 이때 원인 또는 근거는 사실(Fact)이어야 한다.

'So What'은 현재 가지고 있는 여러 사실(Fact) 정보로부터 새로운 현상이나 문제를 뽑아 내는 작업으로 팩트 파인딩(Fact Finding)이라고도 불린다.

기획자는 자신이 주장하는 메시지에 대해 논리적인 근거를 제시하고 그 관계가 올바르게 연결되어 있는지 끈기 있게 반복 검증하며 논리를 점검해야 한다.

'What Tree'는 구성 요소를 분해하여 알아보거나 체크리스트를 작성할 때 주로 사용한다. 상위에서 하위로 전개되는 과정은 서로 포함관계로 연결된다. 산수의 개념을 생각하면 이해가 쉽다. 각 단계별 합계가 상위 단계와 동일하면 된다.

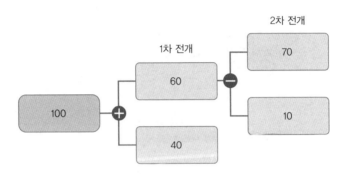

산수로 표현한 What Tree

'이익'이란 개념을 'What Tree'로 표현해 보자. 이익은 '수익'과 '비용'이라는 두 가지 요소로 나눌 수 있다. 이익은 수익과 비용의 차이를 의미하기 때문이다(이익 = 수익 – 비용).

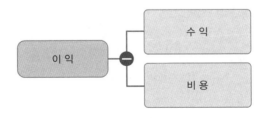

What Tree로 표현한 이익

이번에는 치킨집의 매출을 'What Tree'로 표현해 보자. 치킨집의 고객을 MECE하게 분류하면 배달 고객과 내방 고객으로 나눌 수 있고, 각각의 고객으로부터 발생하는 매출의 합이 전체 매출이 된다.

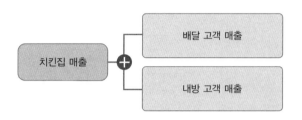

What Tree로 표현한 치킨집 매출

마지막 'How Tree'는 과제의 해결 방안을 찾을 때 사용한다. '과제를 해결하기 위해 어떻게 해야 하는가?'라는 질문을 던지면서 해당 과제의 해결 방안을 찾아 전개하면 된다.

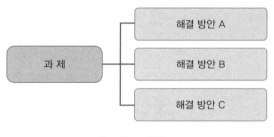

How Tree 예시

'Why Tree'와 마찬가지로 'How Tree'에서도 상위 단계와 하위 단계를 검증하는 작업이 필요하다. 도출된 해결 방안을 실행하면 실제로 과제의 목표를 달성할 수 있는지 논리와 타당성을 면밀하게 점검해야 한다.

아래는 '취업 뽀개기'라는 과제를 'How Tree'로 표현한 예시다.

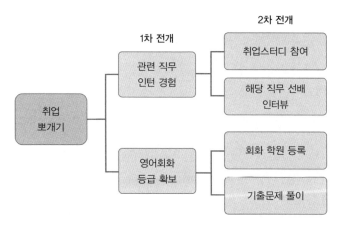

How Tree로 표현한 취업 뽀개기

2장

기획서 작성 – 프레임

비즈니스 4대 문서

필자는 회사생활을 한 지 햇수로 10년이 넘었다. 그런데도 회사에서 문서만 보면 여전히 머리가 지끈지끈 아프다. 심지어 문서의 종류도 한두 가지가 아니다.

회사생활을 하며 자주 접하는 비즈니스 4대 문서를 알아보자.

비즈니스 4대 문서

문서 종류별 특징

첫 번째 소개할 비즈니스 문서는 '공문서'다. 자신의 소속 부서 · 조직이 아닌 다른 부서 · 조직에 협조를 구하기 위해 만드는 문서를 공문서라 한다. 일반적으로 '업무 연락', '통신지', '협조문'이라는 명칭으로 불리기도 한다. '공문서'를 작성할 때에는 업무 협조를 하게 된 배경과 업무 실행을 위해 필요한 구체적인 요청 사항을 함께 제시해야 한다.

두 번째 비즈니스 문서는 '품의서'다. 품의서의 품은 '여쭐 품', 의는 '의논할 의'다. 품의서는 상사에게 허락을 받기 위한 목적으로 작성하는 문서다. 품의서를 작성할 때에는 업무의 목적과 배경을 언급하고 현재의 상황을 정리하여 어떤 내용을 실행할 것인지 제시해야 한다. 그리고 실행에 대한 계획과 소요 예산을 작성한다.

세 번째 비즈니스 문서는 '보고서(상황 및 결과)'다. 보고서는 업무 현황이나 과제의 결과에 대해 보고할 때 작성하는 문서다. 보고서를 작성할 때에는 업무와 관련된 상황 및 결과를 객관적으로 제시하고, 적절한 대응방안 및 주관적 견해를 함께 제시해야 한다.

네 번째 비즈니스 문서는 '기획서'다. 기획서는 새로운 일을 추진하기에 앞서 왜, 무엇을, 그리고 어떻게 할 것인지 보고할 때 작성하는 문서다. 기획서는 문서 중에서도 난이도가 제일 높으며 다루는 영역이 넓고 분량도 많다. 가장 높은 난이도를 자랑하는 만큼 기획서 작성을 잘하면 다른 문서들도 쉽게 작성할 수 있다.

기획서 목차와 주요 항목

　　컨설턴트는 하루 종일 쉬지 않고 기획서만 쓴다. 일이 몰릴 때는 하나가 아닌 여러 개의 기획서를 동시에 작성하기도 한다. 컨설팅업의 특성상 다수의 프로젝트가 동시에 진행되기 때문이다.

　　필자 역시 과거에 컨설팅 회사에서 일했을 때를 회상하면 어떻게 하루하루를 보냈는지 모를 만큼 문서 작성으로 정신이 없었던 기억이 떠오른다. 정말 기계처럼 일했던 것 같다. 끊임없이 문서를 만드는 기계. 이런 상황이 되면 누가 시키지 않아도 스스로 살기 위해 효율적으로 일하는 요령을 터득하게 된다. 그중 하나가 기획서 목차와 주요 항목 구성이다.

내가 사용한 기획서 목차와 주요 항목

사실 기획서를 작성할 때마다 매번 새로운 목차를 작성할 필요는 없다. 기획서에서 요구하는 목차는 대부분 이미 정해져 있기 때문이다. 목차별 해당 주요 항목도 마찬가지다.

목차는 일반적으로 기획의 논리 흐름(Why – What – How)에 맞추어 구성한다. 이 틀은 변하지 않는다. 다만 기획 업무의 성격에 따라 목차와 주요 항목의 워딩(Wording)이 수정되거나 추가될 뿐이다.

흐 름	Why	What	How
목 차	•실시 배경 또는 추진 배경 •과제의 필요성	•개선 방향 또는 추진 방향 •상세 내용	•실행 계획
주 요 항 목	•현상 분석 – 내/외부 환경 분석 – 벤치마킹 – 인터뷰/설문 •문제 설정 및 문제점 도출 •기획의 목적	•목표 수준 – 언제까지 어떤 수준으로 •해결 과제 – 구체적인 해결 방안 – 과제의 특성 : 장점, 단점, 기존과의 차이점	•사람(실행 체제) •시간(스케줄) •돈(예산) •기대효과 및 리스크 대책

기획의 논리 흐름 단계별 필수 질문 리스트

위의 표는 컨설턴트 시절 필자가 주로 사용했던 기획서의 목차와 주요 항목 샘플이다. 모든 기획서에 적용된다고 말할 수는 없으나 웬만한 기획서에는 범용적으로 사용이 가능하다.

주요 항목별 상세 작성 방법은 '3장 기획서 작성 — 콘텐츠'에서 더 자세히 다루도록 하겠다.

제발 파워포인트 먼저 켜지 마세요
: 블랭크 차트 작성하기

회사에서는 매 시간마다 업무가 휘몰아친다. 일을 하나 끝내면 곧바로 새로운 일거리가 생긴다. 이메일 답변과 전화 문의, 회의만으로도 반나절이 순식간에 지나간다. 집중해서 기획서를 작성할 시간은 기껏해야 두세 시간 남짓이다. 한시라도 빨리 기획서를 마무리하려는 간절함은 파워포인트를 먼저 켜게 만든다. 그러나 '일단 파워포인트로 이것저것 쓰다 보면 정리되겠지?'라는 생각에는 함정이 도사리고 있다. 아무 고민 없이 시작한 기획서는 시간이 갈수록 수정해야 할 사항이 생겨나기 마련이다. 들인 노력과 시간 대비 결과가 형편없다.

기획서의 핵심은 속도가 아닌 메시지다. 기획서를 작성하기 전에 충분히 고민한 기획서와 그렇지 못한 기획서는 하늘과 땅 차이다.

블랭크 차트란 무엇인가?

블랭크 차트는 말 그대로 '빈칸이 있는 차트'를 말한다. 대략적인 목차, 들어가야 할 항목과 내용 등 자신의 생각을 완성된 형태로 만들기 전에 구체적인 내용이나 데이터 없이 손 그림으로 스케치한 결과물이다.

블랭크 차트는 최종 결과물에 대한 대략적인 이미지, 순서, 구조를 파악할 수 있어 기획서를 전체적인 안목에서 바라보고 작성할 수 있도록 도와준다.

블랭크 차트를 통해 얻는 네 가지 이점

첫째, 자유롭게 표현할 수 있다. 파워포인트는 아무리 조작이 익숙하다 해도 손으로 표현하는 자유로움을 이길 수 없다. 파워포인트 조작에 신경 쓰다 보면 정작 메시지를 작성할 때 에너지를 쓸 수 없다.

둘째, 세세한 디자인에 신경 쓰지 않아도 된다. 파워포인트를 사용하다 보면 어느새 누구나 디자이너가 된다. 레이아웃, 색, 폰트, 도형과 차트의 배치 등 미적 디테일에 정신을 빼앗겨 시간을 허비하고 만다. 블랭크 차트를 작성하면 디자인이나 미적 디테일에 소요되는 시간을 절약하고 전체 구조를 빠르게 완성할 수 있다.

셋째, 영역별 내용의 밸런스를 맞출 수 있다. 간혹 양으로 승부한답시고 대량의 자료를 분석하여 정리한 후 그렇게 완성한 두툼한 기획서를 보며 자랑스러워하는 사람이 있다. 그러나 블랭크 차트를 작성하지 않고 문서를 작성하면 'Why' 단계에 비해 'What' 단계의 내용이 상대적으로 빈약하거나 자신이 자신 있게 분석한 영역의 내용만 많은 불균형한 기획서가 탄생할 수 있다.

넷째, 작업을 분담할 수 있다. 짧은 시간에 많은 자료를 만들어야 할 때에는 작성된 블랭크 차트를 팀원들과 공유해 작업을 분담할 수 있다. 또한 블랭크 차트로 전체 이미지를 확인하고 업무를 수행하기 때문에 뒤늦게 업무에 참가한 사람도 전체 맥락을 이해하고 작업할 수 있다.

다음은 블랭크 차트 작성 시 체크해야 할 사항이다.

 – 가설 검증을 위한 분석 자료가 블랭크 차트에 포함되어 있는가?

 – 각각의 슬라이드에 중복된 항목은 없는가?

 – 기획의 논리 흐름에 맞게 내용이 구성되어 있는가?

 – 영역별 분석 내용이 균형 있게 구성되어 있는가?

 – 차트의 도형이나 표가 분석하고자 하는 내용을 제대로 표현하고 있는가?

주요 비즈니스 프레임워크

프레임워크란?

프레임워크(Framework)는 '얼개'라는 의미로 번역되며 틀에 맞춰 무엇인가를 할 때 사용하는 용어다. 비즈니스에서는 '복잡하게 얽혀 있는 문제를 해결하기 위한 구조'라는 의미로 쓰인다.

프레임워크를 사용하는 목적은 업무를 효율적으로 처리하기 위해서다. 특히 이미 검증된 프레임워크를 사용하면 리스크를 줄이고 해당 내용을 쉽게 분석할 수 있다. (앞서 이야기한 기획서 목차와 주요 항목도 프레임워크의 일종이다.)

기획서 작성 시 자주 활용하는 주요 비즈니스 프레임워크를 알아보자.

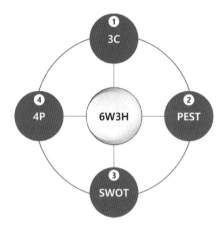

주요 비즈니스 프레임워크

6W3H

6W3H는 '왜', '무엇을', '누가', '누구를 위해', '어디에서', '언제', '어떻게', '얼마의 비용'으로 '얼마의 기간 동안'을 의미하는 영문의 약자이다. 기획서에서는 현상이나 결과를 구체적으로 정리할 때 주로 사용한다.

6W3H를 육하원칙의 확장 개념으로 여기고 '이 정도야 껌이지 뭐, 이걸 모를까?'라며 우습게 생각하는 사람들이 많다. 그러나 막상 각각의 요소를 기획서에 제대로 담아내는 사람은 흔치 않다.

예를 들어 A 제품과 B 제품의 매출 하락 상황을 정리한다고 가정해 보자. 영업 사원별(누가), 지역별(어디에서), 시간별(언제), 상품별(무엇을), 단가별(얼마의 비용으로) 등 각 항목별로 내용을 정리하면 상황을 보다 깊이 있게 분석할 수 있다. 실행 계획을 수립할 때도 6W3H를 사용하면 필요한 주요 항목의 누락을 방지하여 빈틈없는 계획을 만들 수 있다.

6W	
구 분	내 용
Why	왜 하려고 하는가
What	무엇을 하려 하는가
Who	누가 하는가
Whom	누구를 위해 하는가
When	언제 하는가
Where	어디서 하는가

3H	
구 분	내 용
How to	어떻게 할 것인가
How much	얼마의 비용이 드는가
How long	얼마의 기간 동안 하는가

6W3H

3C 분석

3C 분석은 비즈니스 시장이나 환경에 대한 현상을 거시적으로 분석할 때 주로 사용한다.

3C를 이루는 각각의 요소는 고객(Customer), 경쟁사(Competitor), 자사(Company)다.

먼저 고객 관점은 시장 현황 및 고객의 니즈(Needs)가 무엇인지에 대해 분석한다. 이 과정에서는 현재 시장 규모, 시장 성장률, 시장 트렌드와 구조 등에 대한 해석과 함께 고객의 유형과 니즈, 형태 등이 종합적으로 필요하다.

경쟁사 관점은 경쟁사의 강점 및 약점에 대해 분석한다. 그리고 이를 통해 경쟁사와 차별화할 수 있는 방안은 무엇인가를 찾는다.

마지막으로 자사 관점은 자사의 현재 역량에 대해 파악한다. 이때 자사의 현재 시장 점유율, R&D 역량, 판매 및 서비스 역량, 브랜드, 인지도 등에 대한 분석이 종합적으로 이루어져야 한다.

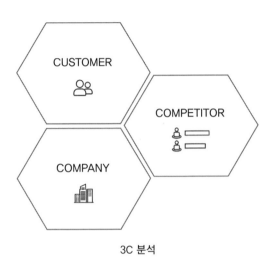

3C 분석

PEST 분석

　PEST 분석은 정치, 경제, 사회, 기술의 머리글자를 딴 것으로 각각의 요인들이 현재 어떤 상태이며 기업에 어떠한 영향을 미치는지 파악하는 것이 핵심이다.

　PEST 분석은 기업의 중장기 전략 수립 시 거시 환경을 분석하기 위해 주로 활용된다.

　PEST 분석의 세부 항목별 예시는 다음과 같다.

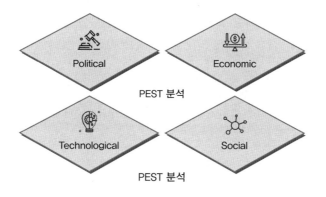

PEST 분석

PEST 분석

– 정치·제도(Political) : 정부 정책 및 규제, 한-미 FTA, 주 52시간 근무 등

– 경제(Economic) : 인플레이션, 디플레이션, 금리, 환율, 뉴 노멀(New Normal) 등

– 사회·문화(Social) : 인구 추이, 소비·라이프 스타일 변화, 싱글족 증가 등

– 기술(Technological) : 4차 산업혁명, 디지털 전환(Digital Transformation), AI·5G 등

SWOT 분석

SWOT 분석은 기업의 내·외부 환경 분석을 통해 전략 방향을 설정하거나 사업 계획을 수립할 때 주로 사용한다. 특히 분석 항목이 이해하기 쉽고 직관적이라 프레임워크를 훈련하기 위한 도구로도 유용하다.

SWOT는 강점(Strength), 약점(Weakness), 기회(Opportunity), 위협(Threat)으로 구성된다. 강점과 약점는 회사 내부 인프라로 잘할 수 있는 것과 못하는 것을 정리하는 내부 분석이고, 기회와 위협은 회사가 어찌할 수 없는 외부 환경에 의한 유·불리를 따지는 외부 분석이다.

SWOT를 분석할 때에는 단순하게 S, W, O, T 각각이 무엇인지 해석하는 것에 그치면 안 된다. 분석된 S, W, O, T를 활용하여 문제를 어떻게 다룰 것인지 해결 전략이 도출되어야 한다. '단순하게 잘하는 것을 더 잘하고 못하는 것을 개선하자'가 아니라 각각의 항목별로 다양한 관점을 종합해야만 깊이 있는 전략이 탄생할 수 있다.

각각의 항목이 서로 교차되면 네 개의 새로운 전략이 생긴다. 각각의 전략은 다음과 같은 특징을 갖는다.

구분	도움이 되는 (Helpful)	해로운 (Harmful)
내부 환경 (Internal)	강점 (Strengths)	약점 (Weaknesses)
외부 환경 (External)	기회 (Opportunities)	위협 (Threats)

SWOT 분석

- S.O 전략 (강점 × 기회) : 강점을 활용해 기회를 선점하는 전략
- S.T 전략 (강점 × 위협) : 강점을 활용해 위협을 극복·최소화하는 전략
- W.O 전략 (약점 × 기회) : 약점을 보완하고 기회를 활용하는 전략
- W.T 전략 (약점 × 위협) : 약점을 최소화하여 위협을 회피하는 전략

4P 분석

4P 분석은 제품(Product), 가격(Price), 유통(Place), 프로모션(Promotion)의 약자로 신제품이나 판매 중인 제품의 마케팅 전략을 수립할 때 사용하는 프레임워크다.

4P 분석

- 제품 : 어떠한 제품을 만들어 소비자에게 가치를 제공할 것인가?
- 가격 : 제품이 주는 가치가 판매 가격 이상의 가치를 주는가?
- 유통 : 판매하고자 하는 제품의 타깃 고객에 맞는 유통 채널을 선정했는가?
- 프로모션 : 판매하고자 하는 제품을 고객들에게 어떻게 알릴 것인가?

최근에는 기업 관점에서 벗어나 고객 관점에서 이루어지는 4C 분석이 중요하게 제시되기도 한다. 4C는 고객 가치(Customer Value), 고객 부담 비용(Cost to the Customer), 편의성(Convenience), 커뮤니케이션(Coumunication)으로 구성된다.

프레임워크 믹스

각각의 프레임워크를 분석하는 것은 그 자체로 의미가 있다. 그러나 기본 프레임워크 분석으로 만족할 수 없다면 6W3H와 각각의 프레임워크를 믹스(합체)하여 사용해 보자. 3C 분석과 6W3H를 믹스하면 다음 페이지의 표와 같이 수많은 교차 항목이 생성되어 다양한 관점에서 분석이 가능해진다. 다음의 표에 표시된 ①, ②, ③의 내용은 다음과 같다.

① 고객(Customer) × Where : 고객은 어디에서 상품을 구매하는가?
② 경쟁사(Competitor) × How to : 경쟁사는 상품을 어떤 방식으로 제공 · 판매하는가?
③ 자사(Company) × Whom : 자사는 누구를 대상으로(Targeting) 상품을 제공 · 판매하는가?

구분	Customer(고객)	Competitor(경쟁사)	Company(자사)
Why			
What			
Who			
Whom			③
When			
Where	①		
How to		②	
How much			
How long			

6W3H와 3C를 믹스한 프레임워크

마찬가지로 4P, SWOT, PEST 분석 역시 6W3H와 프레임워크 믹스를 할 수 있다. 상황에 맞는 적절한 질문들을 추출하여 정리하면 더욱 폭넓고 깊이 있는 분석이 가능해진다.

나만의 프레임워크를 만들자

현상을 분석할 때 책에서 소개한 프레임워크만 활용해야 하는 것은 아니다. 누구나 상황에 맞게 자신만의 프레임워크를 새롭게 만들 수 있다.

중요한 것은 현재의 문제 상황을 잘 드러내고 자신의 주장을 효과적으로 뒷받침할 수 있는 분석 영역을 선정하는 것이다.

필자는 컨설턴트 시절 기업의 산업 특성, 비전 및 사업 전략, 임직원 인터뷰, 벤치마킹 등의 영역을 선정하여 자료를 분석하고 개선 방향을 도출했다. 다음의 표는 실제 나만의 프레임워크를 구성하여 개선 방향을 도출한 예시다.

앞서 설명한 주요 비즈니스 프레임워크(6W3H, 3C, 4P, SWOT, PEST)는 전 세계 누구나 선호할 뿐만 아니라 반세기 이상 사용된 것이기 때문에 위험 부담 없이 사용 가능하다는 장점이 있다. 그러나 기획자라면 자신의 논리를 설득하기 위해 자신만의 새로운 프레임워크를 만들 수 있어야 한다. 왜냐하면 현재 직면한 문제의 성격에 따라 기존 도구로 설명할 수 없는 내용도 많기 때문이다.

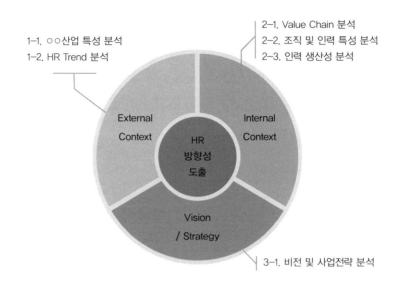

1-1. ○○산업 특성 분석
1-2. HR Trend 분석

2-1. Value Chain 분석
2-2. 조직 및 인력 특성 분석
2-3. 인력 생산성 분석

External Context

HR
방향성
도출

Internal Context

Vision / Strategy

3-1. 비전 및 사업전략 분석

HR 전략 방향성 도출을 위한 프레임워크

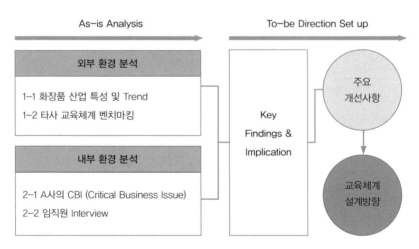

As-is Analysis

To-be Direction Set up

외부 환경 분석

1-1 화장품 산업 특성 및 Trend
1-2 타사 교육체계 벤치마킹

내부 환경 분석

2-1 A사의 CBI (Critical Business Issue)
2-2 임직원 Interview

Key Findings & Implication

주요 개선사항

교육체계 설계방향

국내 화장품 회사 교육체계 방향 도출을 위한 프레임워크 따라서 어떤 문제에 부딪혔을 때 기존의 프레임워크를 고수하기보다는 기존의 프레임워크를 변형하거나 새롭게 구조화하는 유연함이 필요하다. 이러한 능력은 개발하기 쉽지 않지만 수차례 시행착오를 통해 만들어지고 강화될 수 있다.

자신만의 프레임워크로 기획을 하고 그 기획서가 컨펌되는 순간, 당신은 마침내 진정한 기획자로 발돋움하게 될 것이다.

3장

기획서 작성 – 콘텐츠

목적과 목표의 차이

회사를 다니다 보면 직장인들을 헷갈리게 하는 비즈니스 용어를 만난다. 느낌상 알고 있는데도 막상 설명하려 하면 입이 안 떨어지고, 대충 얼버무리고 지나가고 싶지만 주기적으로 등장하며 직장인들을 괴롭힌다. 그 중에서도 가장 빈번하게 나타나 우리를 괴롭게 만드는 단어가 '목적과 목표'다. 각각의 개념이 무엇인지 확실히 짚고 가자.

목적의 정의

'목적'은 하려고 하는 일이나 활동의 근본적인 존재 이유를 말한다.
'현재 이 시점에서 이 일이 우리 조직에 왜 필요한가?'
'이 일은 반드시 있어야 하는가?'

‘이 일을 왜 해야만 하는가?’

이러한 물음에 대한 대답이라 말할 수 있다.

기획서를 검토하다 보면 간혹 ‘사회공헌’, ‘인간중심 경영’, ‘기업의 사회적 책임’ 등 도덕적 명분만을 강조해서 목적을 기술하는 경우가 있다. 그러나 착각은 금물이다. 기업의 목적은 이윤을 창출하고 경영을 지속하는 것이다.

기획서에 목적을 작성할 때 실리 없이 명분만 내세우는 것은 공허하다. 비즈니스 세계에서는 실리와 명분이 균형을 이루는 목적을 기술해야만 현실성을 높일 수 있다.

목표의 정의

목표는 ‘달성하고자 하는 어떤 활동이나 행동, 상태’를 의미한다. 큰 틀에서 보면 목표는 목적 달성을 위한 중간 과정이나 상태로 표현할 수 있다.

매년 초만 되면 “운동으로 살을 빼는 것이 목표다”, “열심히 책을 읽는 것이 목표다”라고 말하는 친구들이 있다. 이런 말들이 별다른 기대감을 주지 못하는 이유는 목표가 구체적이지 않기 때문이다. 목표는 될 수 있으면 구체적으로 설정해야 한다. 운동을 단순히 ‘운동’ 그 자체로 표현하기보다는 ‘조깅’ 내지는 ‘요가’라고 쓰는 게 좋다. 책보다는 ‘소설책’이, ‘소설책’보다는 ‘삼국지’나 ‘태백산맥’이라는 구체적인 책 제목을 언급하는 게 낫다.

마찬가지로 비즈니스 상황에서도 목표는 '어느 정도 수준으로 언제까지 달성할 것인지'가 반드시 포함되어야 한다. 한마디로 '수준'과 '기간'이 필요하다. 성과 목표를 기반으로 평가가 이루어지는 비즈니스 세계에서는 구체적이고 측정 가능한 목표 수립이 중요하기 때문이다.

앞서 친구들이 이야기한 목표를 수준과 기간을 고려하여 수정하면 다음과 같이 바꿀 수 있다.

- 올해 여름휴가 전까지 매일 아침 30분씩 조깅해 몸무게를 3킬로그램 줄인다.
- 이문열 작가의 소설 『삼국지』를 3개월 이내에 완독한다.

이처럼 구체적으로 목표를 기술해야만 강한 실행력을 보장할 수 있다.

올바른 목표 설정 방법

회사원들은 매년 성과 목표를 수립할 때 난감한 상황에 처한다. 목표 수준을 어느 정도로 설정해야 할지 고민스럽기 때문이다. 실무자 입장에서 목표를 너무 높게 설정하면 성과 달성에 부담이 되고 너무 낮게 설정하면 상사의 눈치가 보인다.

목표는 개인적으로 만족할 뿐만 아니라 주변에서도 인정할 만한 수준이 되어야 한다. 보통은 상사의 눈치를 살펴 터무니없이 높은 목표를 설정했다가 나중에 더 큰 화를 불러일으키는 경우가 많다.

하지만 곰곰이 생각해 보자. 수학 점수가 6등급인 학생이 다음 시험에서 1등급을 받는 것이 현실적으로 가능할까? 일단 5등급이나 4등급을 받는 것이 현실적인 목표 수준일 것이다.

또한 실무자는 목표를 제시할 때 그에 따른 근거를 명확히 제시해야 한다. 현재 수준 및 상태에 대한 사실을 기반으로 목표를 제시해야 상사도 그 목표에 합의할 수 있다.

기획서의 첫인상
: 제목 작성하기

제목의 중요성

　국내에서는 하루에도 수만 권의 책이 발간된다. 그중에는 대중에게 선택받는 책도 있고 눈길조차 받지 못하고 사라지는 책도 있다. 그래서일까? 최근 발간된 책들은 제목부터 기발하다. 독자의 호기심과 궁금증을 유발하는 제목이 많다. 제목으로 책의 수준을 평가할 수는 없지만 확실히 제목이 마음에 들지 않으면 책을 펴 볼 마음도 생기지 않는다.

　기획서도 마찬가지다. 하루에도 여러 건의 기획서가 상사의 책상 위에 올라간다. 상사는 과연 모든 기획서를 제대로 살펴볼까? 첫 페이지조차 넘기지 못하고 상사에게 외면받는 기획서는 왜 그런 취급을 받을까?

　그 이유는 친절하지 못한 기획서 제목에 있다.

넌 제목도 못 쓰니?

신입사원 시절 기획서를 제출하자 팀장이 필자에게 했던 말이다. "이봐, 봉 사원, 제목을 봐도 도대체 무슨 내용인지 감이 잡히지 않잖아."

"좀 더 친절하게 제목을 쓸 수 없을까?"

위와 같은 말을 들었을 때 처음에는 팀장이 필자를 싫어한다고 생각했다. 내용은 보지도 않고 제목으로만 시비를 거는 것이 너무하단 생각이 들었기 때문이다. 하지만 그런 생각은 오래가지 않아 바뀌었다.

상사의 역할 중 하나가 올바른 의사 결정이라면 실무자는 올바른 정보를 제공하여 상사의 의사 결정을 돕는 역할을 수행해야 한다. 의미가 불분명한 기획서 제목은 가뜩이나 바쁜 상사의 시간을 뺏고 혼란을 더한다. 친절한 제목은 선택이 아닌 의무다.

기획서 제목 작성법

한눈에 보기에도 친절한 기획서 제목은 어떻게 만들 수 있을까? 상사는 기획서 제목을 통해 무엇을 알기를 원할까?

기획서의 제목은 기획자가 왜, 무엇을 하려고 하는지 상대방에게 요약하여 전달할 수 있어야 한다. 이를 위해 기획서 제목에는 기획의 목적(Why)과 범위(What)가 들어가야 한다. 보통 '~~을/를 위한 ○○○ 운영/실시/개선(안)'의 패턴으로 작성한다.

기획서가 컨펌되는 과정은 소개팅에 비유할 수 있다. 첫인상이 마음에 들어야 이후 만남도 보장된다. 기획서도 크게 다르지 않다. 기획서의 첫인상인 '제목'에서 기획의 의도와 내용이 명확히 전달되어야만 상사는 비로소 기획서를 펼쳐 본다.

다음에 나오는 하수와 선수의 제목 예시를 비교해 보자.

하수의 제목	선수의 제목
•20년 춘계 야유회 방안	•직급간 소통 강화를 위한 20년 춘계 야유회 프로그램
•회계 시스템 운영 결과	•안정적 회계 관리를 위한 회계 시스템 운영 결과 및 개선방안
•팀장 Facilitative Leadership 과정 실시 (안)	•팀의 수평적 조직문화를 이끌 팀장 Facilitative Leadership 과정 실시(안)

하수와 선수의 기획서 제목

헤드 메시지 작성법

헤드 메시지란 무엇인가?

헤드 메시지(Head Message)란 한 장의 슬라이드에 담긴 의미를 하나의 대표 메시지로 요약한 문장을 말한다. 보통 '리딩 메시지(Leading Message)' 또는 '가버닝 메시지(Governing Message)'라고도 불리며 한두 줄 정도가 일반적인 길이다.

표지나 목차를 제외한 기획서의 본문은 다음과 같이 목차, 헤드 메시지, 상세 내용의 순으로 구성한다. 헤드 메시지는 상세 내용을 요약할 수 있어야 하고, 상세 내용은 헤드 메시지를 더 자세히 설명할 수 있어야 한다.

헤드 메시지는 이해하기 쉽도록 심플하게 작성해야 한다. 종종 자세한 설명을 위해 헤드 메시지를 길게 쓰는 경우가 있는데, 문장이 길면 전달하고자 하는 의미가 무엇인지 직관적으로 파악하기 어렵다. 긴 메시지는 작성자 본인을 위한 것이지 읽는 사람을 위한 것이 아니다. 만약 두

개의 강한 메시지가 한 장의 슬라이드에 들어가 있다면 슬라이드를 두 장으로 나누는 편이 더 낫다.

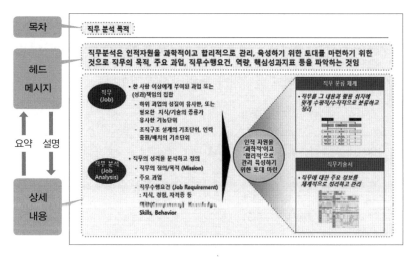

기획서 본문의 구성

A사의 매출 증대를 위해서는 조직을 Agile 팀으로 전면 혁신하여야 하며 주어진 업무에 집중할 수 있도록 명확한 Role & Responsibility를 부여해야 함.

A사의 매출 증대를 위해서는 조직을 Agile 팀으로 전면 혁신하여야 하며,

주어진 업무에 집중할 수 있도록 명확한 Role & Responsibility를 부여해야 함.

헤드 메시지가 길 때에는 슬라이드를 한 장 더 늘린다.

헤드 메시지 작성 시 유의사항

각 페이지의 헤드 메시지만 연결하여 읽어도 기획서의 전체 스토리가 파악되어야 한다. 왜냐하면 헤드 메시지는 각 슬라이드의 요약 메시지이기 때문이다. 그러므로 헤드 메시지를 연결하여 읽었는데 스토리가 이해되지 않는다면 헤드 메시지가 잘못 작성된 것이다.

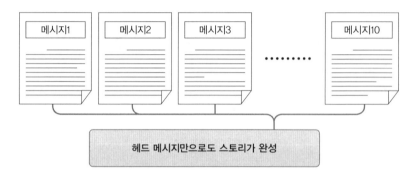

헤드 메시지를 연결하면 전체 내용을 파악할 수 있어야 한다.

헤드 메시지 작성 시 주로 하는 실수 중 하나가 '다음과 같음' 또는 '아래와 같음'이라고 작성하는 것이다. 이는 슬라이드에 있는 상세 내용의 의미를 요약하지 않은 전형적인 오류다. 문법적으로는 내용을 요약하고 있으나 의미적으로는 무슨 내용인지 전혀 알 수 없다. 상사 입장에서는 헤드 메시지가 아닌 상세 내용을 통해 해당 슬라이드의 의미를 파악해야 하는 수고가 든다.

II. 주요 내용

4차 산업혁명 시대에 필요한 리더십은 아래와 같음

II. 문제점

조직문화 W/S결과 영업팀의 문제점은 다음과 같이 요약할 수 있음

잘못 작성한 헤드 메시지

헤드 메시지를 작성할 때에는 한 장의 슬라이드에 하나의 메시지를 담는 것이 기본 원칙이다. 예를 들어 스무 장의 슬라이드를 만들었다면 헤드 메시지도 스무 개가 필요하다. 만약 한 개의 메시지를 두세 페이지에 나누어 담았다면 중복되는 페이지는 아까워하지 말고 과감하게 삭제해야 한다.

숨은 문제 찾기
: 문제 설정과 문제점 도출

    기획 과정에서 문제는 매우 중요하다. 올바른 문제 설정이 올바른 문제 해결로 이어지기 때문이다. 일단 문제를 찾아내야 하는데 제대로 된 문제를 찾는 것이 쉽지 않다. 마치 어린 시절에 자주 하던 보물찾기 놀이와 같다. 누구나 쉽게 찾을 수 있는 보물은 찾아도 별다른 감흥이 없다. 눈에 잘 보이지 않고 사람들의 손길이 닿지 않는 곳에 숨은 보물을 찾아야 비로소 큰 기쁨을 맛볼 수 있다.

    문제도 마찬가지다. 남들이 쉽게 발견하지 못하는 곳에 숨어 있는 진짜 문제를 찾아 해결해야 그 효과와 보람이 크다.

문제의 발견이 기획의 시작이다

문제를 발견하기 위해서는 현상 분석이 필수다. 현상이란 '현재 상태 또는 수준'을 의미한다. 사실 좋게 말해 현재 상태이지 대부분의 현상이란 만족스럽지 않은 상태를 의미한다.

'이번 달 매출 목표가 3억인데 현재 매출은 1억에 불과하다.'

'여름휴가 전까지 몸무게를 79킬로그램으로
만들어야 하는데 현재 99킬로그램이다.'

다음의 예시처럼 현재 상태가 마음에 들지 않기 때문에 이상적인 상태와 차이(Gap)가 생기고 그것이 문제가 된다.

문제를 설정할 때는 그 근거도 함께 제시해야 한다. 예를 들어 조직 내소통 부족이 문제라면 이를 뒷받침하는 조직문화 설문 결과나 임직원 인터뷰 내용을 함께 제시해야 한다. 문제 설정에 대한 명확한 근거를 함께 제시해야만 기획자의 주장에 설득력이 강하게 실린다.

문제의 근본 원인을 찾아라

초보 기획자들에게 기획 업무를 지시하면 대개 비슷한 방식으로 내용을 구성한다. 상사가 설명해 준 업무의 배경을 기획의 목적으로 작성하고 나름대로 현상을 분석해 문제를 선정한 뒤 해결 과제를 제시한다.

이때 주로 하는 실수가 A라는 문제를 해결하기 위해 B라는 해결 과제를 바로 도출하는 것이다. 의욕이 앞서 문제를 빨리 해결하려고 할 때 이와 같은 일이 벌어진다.

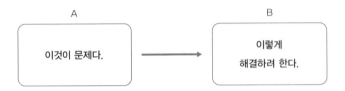

앞서 고객 중심 사고를 이야기하며 언급한 한국토지주택공사의 '현관문을 통유리로 설계한 아파트'도 이와 같은 일차원적 문제 해결 방식의 결과다.

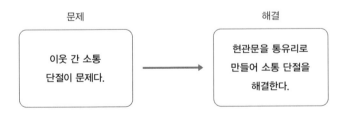

문제에 바로 해결 과제가 붙는 방식은 단순한 문제를 풀 때에는 가능하다. 그러나 문제가 조금만 복잡해져도 위와 같은 방식으로는 문제를 해결할 수 없다.

문제의 근본 원인이 해결되지 않으면 일시적으로는 해결된 듯 보여도 결국 같은 문제가 재발하거나 새로운 문제가 발생할 수 있다. 그러므로 복잡한 문제를 해결할 때에는 문제를 발생시킨 원인 또는 배경을 찾아내는 단계를 반드시 추가해야 한다.

대한민국의 '출산율 저하' 문제를 예시로 살펴보자.

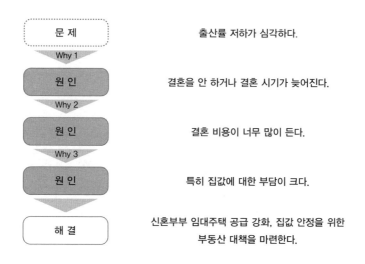

'출산율 저하'를 해결하기 위해 출산율이 떨어지는 원인을 집요하게 파고들었다. 그 결과 신혼부부의 '집값에 대한 부담'이 근본 원인으로 밝혀졌다. 출산율이 낮으니 출산 장려 캠페인을 실시한다는 식으로 단순하게 문제를 해결하려 했다면 아까운 세금만 낭비하고 출산율은 더 감소했을 것이다.

기획자는 문제에 대한 근본 원인을 파악하기 위해 '왜'라는 질문을 끊임없이 던져야 한다. 근본 원인에 대한 고민 없이 문제를 푸는 것은 내가 일을 하고 있다는 것을 남들에게 보여 주는 겉치레에 불과하다. 문제에 대한 근본 원인을 찾아내고 이를 없애거나 감소시키는 근본적인 해결 방안을 도출해야만 비로소 제대로 된 문제 해결이 가능하다.

실무자의 필살기

: 고객 인터뷰와 설문조사

회사생활을 하다 보면 부하직원의 말은 귓등으로 듣고 자기 의견만 내세우는 '독불장군' 유형의 상사를 종종 만난다. 경험해 본 사람들은 알겠지만 이들을 설득하기란 좀처럼 쉽지 않다. 이들은 이들의 상사가 반대하지 않는 이상 쉽사리 고집을 꺾지 않는다. 그렇다고 이들을 설득하는 방법이 아주 없는 것은 아니다. 이들의 황소고집을 꺾을 수 있는 실무자의 강력한 필살기를 소개한다. 바로 고객 인터뷰와 설문조사다.

뛰는 기업 위에 나는 고객

경영 환경의 불확실성이 커지면서 고객의 중요성도 날로 커지고 있다. '고객 없이는 기업도 존재할 수 없다'라는 말이 있을 정도니 고객이 얼마나 중요한지는 굳이 말로 설명할 필요가 없다.

　기업은 이제 자신들이 원하는 방식으로 제품을 팔아서는 고객들의 눈길을 더 이상 사로잡을 수 없다. 대체 가능한 상품이 없었던 과거와 달리 지금은 값싸고 품질 좋은 상품이 지천에 널려 있다. 고객이 기업에게 원하는 것이 무엇인지, 어떤 경험을 기대하는지 파악해야만 살아남을 수 있는 세상이 된 것이다.

　과거 비즈니스 의사 결정의 기준은 경험 많고 연륜 있는 상사의 몫이었다. 그러나 빠르게 변화하는 복잡하고 불확실한 경영 환경에서는 제아무리 잔뼈 굵은 상사라도 고객의 반응을 정확하게 예측하는 것이 불가능하다. 바야흐로 고객이 군림하는 시대가 온 것이다.

고객 인터뷰와 설문조사

　고객이 어떤 생각을 갖고 있는지 알려면 일단 고객을 만나야 한다. 직접 만나야 그들이 무슨 생각을 하고 있고, 어떤 애로사항과 기대사항이 있는지 구체적으로 파악할 수 있다.

　고객을 만난 후에는 그들의 이야기를 경청할 수 있는 소통 방식이 필요한데 이때 주로 활용하는 방식이 인터뷰와 설문조사다.

　먼저 인터뷰를 살펴보자. 인터뷰는 대상자로부터 심층적(경험, 감정 등)인 자료 수집을 할 수 있는 것이 장점이다. 특히 깊이 있는 논의가 필요한 이슈에 대한 고객의 의견을 상세하고 집중적으로 수집할 수 있다. 다만 자료 수집에 시간과 비용이 많이 들고 조사자의 편견이 개입될 수 있다는 단점이 있다.

　반면에 설문조사는 짧은 시간에 많은 자료의 수집이 가능하다. 또한 비용이 적게 들고 익명이기 때문에 설문에 참여한 사람이 자신의 견해를 자유롭게 표현할 수 있는 것이 장점이다. 특히 인터뷰와 달리 정량적인 데이터 결과를 이끌어 낼 수 있으므로 기획서에 수치화된 근거 자료로 활용할 수 있어 효과적이다. 단점으로는 일방향 소통으로 이루어지다 보니 응답자가 질문을 잘못 이해하고 답변하는 문제가 생길 수 있다는 것이다. 이러한 문제를 최소화하기 위해 인터뷰와 설문조사를 함께 진행하는 것이 일반적이다.

고객 인터뷰와 설문조사 작성 사례

　다음은 필자가 컨설턴트 시절, 고객 인터뷰와 설문조사를 통해 조직의 문제 상황과 요구 사항을 정리한 내용이다.

　명확한 데이터와 고객 인터뷰를 근거로 문제 상황을 제시하고 해결 아이디어를 도출하면 아무리 고집 센 상사라도 고개를 끄덕일 수밖에 없다.

임직원 교육 Needs

경영진 교육 Needs	구성원 교육 Needs

- "교육을 통해 중장기적 관점에서 **자사의 문화를 정립**해야 한다."
- "광고업은 통섭(統攝)이 요구되기 때문에 **전 분야 지식을 두루 알아야** 한다."
- "교육에 **강제성을 부여**하여 **공부하는 분위기를 조성**해야 한다. 단, 그만큼 커리큘럼과 교육 컨텐츠의 질은 높아야 한다."
- **"저직급자 대상 기본기 교육이 매우 중요**하다. 기본 과정을 통과가 상징이 될 정도의 강한 교육이 필요하다."
- "직급별 요구되는 수준 정의가 필요하며, 이 수준은 **타 사의 수준보다 높아야** 한다."

> **끊임 없이 학습하는 문화 구축 및 업계 선도적인 전문성 강화**

- "고직급임에도 불구하고 해당 분야의 기초 지식이 부족한 경우도 많아, **저직급 Level에서 업무와 관련된 지식 및 스킬 교육**이 이루어져야 한다."
- "**직급 단계별 교육**을 통해 지속적 자극을 주고, **공부하는 분위기를 형성**해야 한다."
- "디지털, 미디어, 마케팅과 같이 **근간을 이루는 지식에 대한 통합적인 교육**이 필요하다."
- "교육의 효과성 및 참여율을 높이기 위해서는 **교육 컨텐츠의 매력을 강화**해야 한다."

> **직급 단계별 체계적인 교육 제공 및 교육 효과성과 참여율 증진**

임직원 교육 니즈 인터뷰 예시

리더의 육성에 대한 태도

교육관심도 Survey 비교	구성원 Interview

[교육관심도 Survey 타사/직급별 비교]

Q. 우리 회사는 구성원의 성장 및 개발을 위하여 충분한 관심을 기울이고 있다

(0.33▼)

3.06	3.39
A사 평균	제조사 평균

(0.44▼)

2.8	3.24
대리 이하	과장 이상

- 육성은 현업에 밀려 우선순위가 떨어짐
  - "우리 회사는 관리자 분들의 **교육에 대한 필요성과 인지도가 떨어지는 것 같다.**"
  - 리더의 역할 중 하나가 **부하직원 육성인데** 현업에만 신경을 쓰고 있다."

- 리더의 교육에 대한 부정적 인식
  - "리더들이 사원, 대리일 때, **체계적인 교육보다는 업무를 하면서 일을 배웠기 때문에,** 그것이 맞다고 생각한다."
  - "팀장들은 **교육을 Refresh 정도로 생각**하는 경우가 많다."

인재 육성에 대한 구성원 설문과 인터뷰 예시

엄친아의 저주
: 벤치마킹 방법론

학창 시절에 받은 스트레스의 8할은 '엄친아' 때문이었다. 어떻게 공부도 잘하고 부모님 말씀도 잘 들을 수 있단 말인가? 심지어 얼굴까지 훈훈하다면 게임 오버다. 반칙도 이런 반칙이 없다. 불행하게도 '엄친아'의 저주는 학창 시절로 끝나지 않는다. 결혼을 하고 나면 '엄친아'는 '아친남' 으로 바뀐다. '아친남'이 뭐냐고? '아친남'은 '아내 친구의 남편'을 뜻한다. 공부도 잘하고 부모님 말씀도 잘 듣던 그들은 결혼 후에 돈도 잘 벌고 아내 말도 잘 듣는 무시무시한 존재로 진화한다.

잘난 사람들과 비교당하며 너도 그 사람들 좀 닮으라는 잔소리는 집에서 듣는 걸로 끝날 줄로만 알았는데 회사에 가서도 듣게 된다. 바로 '벤치마킹'이다.

벤치마킹이란?

벤치마킹이란 어느 특정 분야에서 우수한 기업의 장점을 배워 자사의 상황에 맞게 적용하는 혁신 방법론을 뜻한다.

글로벌 컨설팅 회사인 '베인 앤드 컴퍼니'의 조사 결과, 기업들이 많이 활용하나 가장 만족스럽지 못한 경영 혁신 방법론으로 벤치마킹을 꼽았다고 한다. 이는 누구나 쉽게 벤치마킹 방법론을 활용하지만 실제 성공으로 이어지기는 어렵다는 것을 의미한다.

무조건 따라 한다고 능사가 아니다

아직도 현장에서는 벤치마킹을 단순히 따라 하는 것 정도로 생각하는 기획자가 많다. 그러나 아무리 좋은 방식이라도 자신의 회사와 그 방식이 맞아야 한다. 우수 기업의 방식을 고민 없이 그대로 추종하다 보면 더 큰 문제가 생길 수 있다.

지리·문화적 사회 배경, 업종의 유사성, 기업문화, 일하는 방식 등을 고려하지 않은 채 외형만을 그대로 따라 하다 보면 벤치마킹은 실패할 확률이 높다.

'우아친'을 통해 배우는 것도 있다

'우아친'은 우리 아들 친구를 뜻한다. 소위 내 아들 성적을 떨어뜨리는 남의 집 자식을 이르는 말이다. 내 아들의 상태가 좋지 않은 이유는 다 친구를 잘못 사귄 탓이다. 보통 '엄친아' 이야기가 한바탕 끝나고 나면 '우아친' 이야기로 넘어간다. 한마디로 '우아친'의 잘못된 사례를 거울삼아 너는 그러지 말라는 훈계다.

벤치마킹은 성공만이 아니라 실패 사례에서도 교훈을 찾을 수 있다. 동종업계의 실패 사례를 보며 시사점을 찾고, 동일한 실패를 하지 않도록 예방 및 대비책을 세우는 것이 가능하다.

'So What'까지 제시하자

초보 기획자들이 작성한 벤치마킹 내용을 보면 우수 기업의 성과를 나열하거나 자사와의 비교 정도로 분석을 마무리하는 경우가 많다.

"A기업의 성공에는 글로벌 시장 다각화라는 특징이 있다."

"경쟁사는 우리 기업과 비교해 리더 육성에 두 배가 넘는 비용을 투자한다."

물론 이러한 분석 내용도 그 자체로 의미가 있다. 하지만 벤치마킹을 통해 자사와 우수 기업의 차이가 도출되었다면 그 차이를 극복하기 위해 '무엇을 학습해야 하는지', '어떤 것을 개선하고 적용할 것인지'에 관한 의견을 함께 제시하자.

벤치마킹 프로세스

1. 벤치마킹 목적 명확화

   : 벤치마킹 실시 이유와 벤치마킹으로 구체적으로 얻고자 하는 것은

   무엇인가?

2. 벤치마킹 대상 기업 선정

   : 누구를 대상으로 벤치마킹을 실시해야 하는가?

   벤치마킹해야 할 세부 범위는 무엇인가?

3. 경쟁사와 비교 분석 시행

   : 우수 기업과 차이점이 무엇인지 정량적 · 정성적으로 구체화

4. 격차를 해소할 수 있는 목표 설정

5. 현실적인 개선 방안 도출

벤치마킹 적용 사례

아래 표는 필자가 기획서 작성할 때 정리한 벤치마킹 예시다. 상황에 따라 타사의 특징만 정리한 경우도 있고, 자사와의 비교를 통해 현실적인 개선 방안을 도출하기도 했다.

기업	프로그램명	대상	주제	기간/방식
A사	EDC	• 최고경영진 후보자 (약 35명)	• 글로벌 경영환경 이해 • 핵심현안 직접 수행 • 글로벌 현장 탐방	• 3~4주 집합교육 – Crotonville 연수원 합숙
	BMC	• 사업리더 후보자 (약 150명)	• 지역별 문화/경제 이해 • 지역별 현안 수행	• 3~4주 집합교육 – 각 지역별 집합교육 (연 3회, 회당 30명 이하)
B사	CMC	• 최고경영진 후보자 (약 70여명)	• 글로벌 경영전략 실행 • 조직관리 및 리더십	• 총 6개월 中 약 6일 집합 – 전체기간 중 월별 1~2일 집합교육 (full-day)
C사	SLDP	• CEO와 이사회에 의해 선발된 고급관리자	• CEO 및 이사회 임원, 세계 최고 전문가와의 소통 • 경영전반 지식 교육	• 총 8개월 中 약 3주 집합 – 전체기간 중 총 3주 (15일) 모듈을 배분 진행
	CTE	• 1차: Global Top Leader(200여명) • 2차: Next Leader (약 15,000명)	• 낯선 환경에서의 문제해결 • 전략적 사고 • 조직관리 리더십	• 3.5일간 집합교육 – 최대 30여명 동시 진행

타사 임원교육 벤치마킹 예시

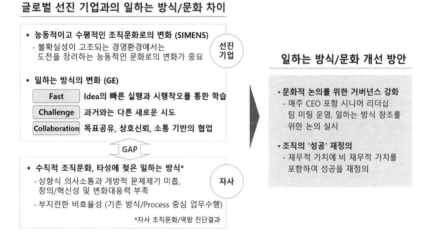

글로벌 선진 기업과의 일하는 방식/문화 차이

• 능동적이고 수평적인 조직문화로의 변화 (SIMENS)
  - 불확실성이 고조되는 경영환경에서는
   도전을 장려하는 능동적인 문화로의 변화가 중요   [선진 기업]

• 일하는 방식의 변화 (GE)

Fast	Idea의 빠른 실행과 시행착오를 통한 학습
Challenge	과거와는 다른 새로운 시도
Collaboration	목표공유, 상호신뢰, 소통 기반의 협업

[GAP]

• 수직적 조직문화, 타성에 젖은 일하는 방식*
  - 상향식 의사소통과 개방적 문제제기 미흡,
   창의/혁신성 및 변화대응력 부족
  - 부지런한 비효율성 (기존 방식/Process 중심 업무수행)   [자사]

*자사 조직문화/역량 진단결과

일하는 방식/문화 개선 방안

• 문화적 논의를 위한 거버넌스 강화
  - 매주 CEO 포함 시니어 리더십
   팀 미팅 운영, 일하는 방식 창조를
   위한 논의 실시

• 조직의 '성공' 재정의
  - 재무적 가치에 비 재무적 가치를
   포함하여 성공을 재정의

선진기업 일하는 방식/문화 벤치마킹 예시

기획자는 벤치마킹의 목적을 상기하고, 입수한 벤치마킹 자료 수준에 맞게 내용을 분석해야 한다.

그래서 어떻게 해결하시겠습니까?

: 카이젠과 이노베이션

현상 분석을 통해 '우리가 처한 문제가 무엇인지', '문제의 근본 원인이 무엇인지' 확인했다면 문제 해결을 위한 구체적인 '해결 과제'를 도출해야 한다.

해결 과제를 찾을 때 주로 사용하는 두 가지 방식 '카이젠'과 '이노베이션'에 대해 알아보자.

카이젠

카이젠은 '더 나은 것을 위한 변화'라는 뜻이다. 일본의 제조기업(도요타)에서 주로 사용하는 방식으로 대상의 부정적인 면(약점)은 없애거나 축소하고, 긍정적인 면(강점)은 더욱 강화하여 효율화하는 방식이다. 보통은 약점을 먼저 개선하고 가능한 경우 강점도 강화하는 순서로 진행한다.

카이젠은 점진적이고 지속적으로 문제를 해결하기 때문에 갑작스러운 변화의 대응보다는 시스템적으로 안정화된 조직에서 선호한다.

취업을 준비하는 취업 준비생의 문제를 카이젠 방식으로 접근해 보자.

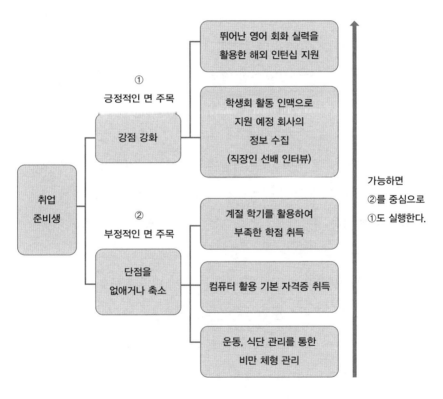

카이젠 사례 – 취업 준비생

이노베이션

구글, 애플 등의 IT 기업에서 주로 사용하는 이노베이션은 이전까지와는 전혀 다른 방식으로 새로운 가치를 창출하고자 시도하는 방식이다. 변화의 차이가 크기 때문에 하이 리스크(High Risk), 하이 리턴(High Return)의 특징을 갖는다.

이노베이션의 문제 해결 아이디어는 상식과 틀에 박힌 사고가 아닌 유연하고 창의적인 사고에서 탄생한다. 따라서 이 방식은 고정관념이 있는 고객이나 동료, 상사에게 강한 거부 반응을 유발하기도 하는데 그만큼 가능성이 무궁무진하다는 뜻이기도 하다.

이노베이션은 크게 '역발상'과 '이종결합'으로 나눌 수 있다. 먼저 '역발상'은 기존의 프레임이나 고정관념에서 벗어나 정반대로 생각해 보는 것에서 시작한다. '선풍기는 반드시 날개가 있어야 하는가?'라는 다소 엉뚱하고 발칙한 상상은 다이슨의 '날개 없는 선풍기'를 탄생시킨 '역발상'의 대표 사례다.

세상에 없는 새로운 것을 만드는 것이 부담스럽다면 서로 다른 요소들을 결합하여 새로운 가치를 만들 수 있다. '이종결합'은 기존의 제품이나 서비스에 전혀 상관없는 새로운 요소를 결합하여 새로운 콘셉트를 만드는 것이 핵심이다. 커피숍에 애완동물을 결합하여 만든 애견 카페는 '이종결합'의 대표 사례다.

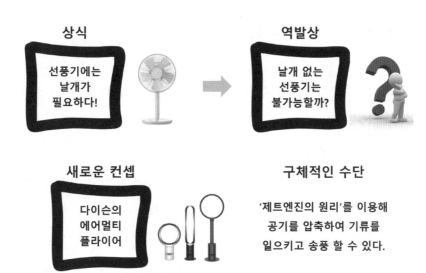

역발상 사례 - 다이슨의 날개 없는 선풍기

이종결합 사례 - 애견 카페

파괴적 혁신 VS 안전한 혁신

경영진은 늘 혁신을 부르짖는다. 그러니 우리는 그들이 외치는 말을 의심해 봐야 한다.

'경영진은 정말 새롭고 혁신적인 해결 방안을 좋아할까?'

알고보면 경영진은 겉으로 새로움과 혁신을 외치지만 속에는 혁신에 대한 불신과 불안이 늘 자리 잡고 있다. 일반적으로 직급이 올라갈수록 변화보다는 안정을 더 선호한다. 경영진의 입장에서는 예측 가능성이 높은 '기존의 방식'이 불확실성이 높고 예측 가능성이 낮은 '혁신'보다 안전하다. 위험과 손실을 최소화하는 것이 경영진의 본능이다. 큰 기업일수록 말로는 혁신을 외치지만 실제 혁신이 이루어지기가 더욱 힘들다.

일반적으로 변화의 속도가 느리고 기존의 시스템이 공고한 제조 기업은 카이젠 방식을 통한 문제 해결이 효과적이다. 반면에 IT, 게임, 스타트업 회사처럼 변화의 속도가 빠르고 시스템이 유연한 기업은 이노베이션 방식을 선호한다.

기획자라면 자신이 속한 기업의 산업군과 조직문화, 일하는 방식을 이해하고 어떤 해결 방식이 효과적인지 판단하여 그에 걸맞은 문제 해결 방식을 적용해야 한다.

해결 과제, 뭣이 중헌디?
: 과제 우선순위 정하기

해결 과제를 야무지게 정리했는데 막상 과제를 실행하려 하니 짜증이 밀려온다.

'가뜩이나 일도 많은데 이 많은 과제를 언제 다 하지?'

평소 하는 일도 많은데 새로운 일이 생겼으니 짐이 더 추가된 셈이다. 그러나 너무 긴장하지 않아도 된다. 앞서 정리한 해결 과제를 동시에 모두 실행해야 할 가능성은 그리 높지 않기 때문이다.

우선순위 설정

모든 일에는 우선순위가 있다. 해결 과제가 도출되었다고 모든 일이 동시에 시작되지는 않는다. 기업은 한정된 자원과 예산을 가지고 움직이기 때문에 우선순위에 따라 업무가 차례대로 이루어진다.

만약 자원이나 예산이 무한대라면 여러 과제들을 동시 다발적으로 실행할 수 있겠지만 다행히 그럴 일은 없다. 대부분은 기업의 경영 성과에 가장 크게 영향을 미치는 해결 과제를 선정하여 우선 실행한다.

그렇다면 우선순위는 어떻게 설정할 수 있을까?

페이오프 매트릭스

페이오프 매트릭스(Pay-Off Matrix)는 과제를 실행하는 데 투여한 시간이나 노력 대비 경영 성과를 평가하는 기법으로 해결 과제의 우선순위를 설정할 때 주로 사용한다.

투입되는 노력이나 비용을 가로축으로 설정하고, 실행했을 때 얻을 수 있는 효과나 경영 성과를 세로축으로 설정한다. 도출된 해결 과제들을 그 성격에 따라 페이오프 매트릭스의 사분면 중 어디에 위치하는지 표시하면 된다. 각 사분면의 특징은 다음과 같다.

1. 전략 과제(많은 노력/높은 성과)
   : 성과가 높은 데 비해 많은 시간과 노력이 필요한 과제로 장기적이고 전략적인 실행 과제들이 여기에 해당한다. 경영진의 전폭적인 지원이 필요한 과제이기도 하다.
2. 추가 보너스(적은 노력/높은 성과)

: 실무자의 입장에서 가장 좋은 해결 과제다. 적은 노력으로도 높은 성과를 담보할 수 있기 때문에 회사 입장에서는 이런 아이디어를 많이 찾는 것이 목표가 된다.

3. 즉시 처리(적은 노력/낮은 성과)

: 즉시 실천하면 효과를 얻을 수 있는 과제다. 다만 성과가 크지 않기 때문에 기획서에 해결 과제로 작성하기에는 조금 부끄러울 수 있다.

4. 시간 낭비(많은 노력/낮은 성과)

: 투자한 시간과 노력 대비 성과가 낮아 별 도움이 안 되는 과제이므로 크게 신경 쓰지 않아도 좋다.

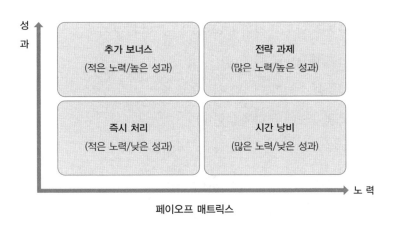

페이오프 매트릭스

이외에도 '긴급도'와 '중요도', '숙련도'와 '효과성' 등 각각의 기준 축을 어떻게 설정하느냐에 따라 상황에 맞게 해결 과제의 우선순위를 설정할 수 있다.

사람, 시간, 돈을 고려하라
: 실행 계획 작성하기

실행 계획은 업무의 실행을 담보하는 장치다. 구체적인 실행 계획 없이는 일을 제대로 시작할 수 없다.

실행 계획을 수립할 때에는 사람(실행 체제), 시간(스케줄), 돈(예산) 이 세 가지 항목을 반드시 고려해야 한다.

- 사람

- 시간

- 돈

실행 계획 수립에 필요한 세 가지 항목

아무리 해결 과제가 매력적이라도 가용 예산이 턱없이 부족하거나 무리한 일정과 인력으로 업무가 진행되어야 한다면 그 과제는 채택되지 않는다. 기획자는 기획 초기에 위 세 가지 항목(사람, 시간, 돈)을 염두에 두어야만 실현 가능성 있는 해결 과제를 도출할 수 있다.

사람(실행 체제)

실행 계획을 수립할 때는 각각의 해결 과제를 어느 부서의 누가 담당한 것인지 명확하게 표기해야 한다. 담당자를 정하지 않으면 그 누구도 일을 하지 않는다. 최소한 한 명 이상 담당자를 선정해야만 일이 원활하게 진행된다. 담당자를 선정할 때는 업무 특성 및 난이도에 따라 주 담당자와 보조 담당자를 나누어 표기하는 것도 가능하다. 이렇게 하면 주 담당자가 부재하더라도 보조 담당자를 통하여 업무가 진행될 수 있다.

사람(실행 체제) 작성 예시

1) 피라미드형

피라미드형 조직도는 조직에서 가장 익숙한 구조다. 해당 과제의 담당자와 직급에 따른 상하 관계를 한눈에 파악할 수 있으며 책임과 권한이 가장 높은 사람이 누구인지도 바로 알 수 있다.

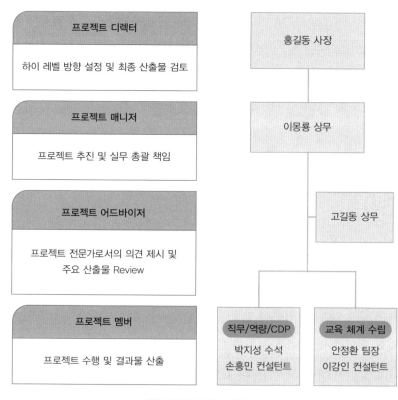

피라미드형 조직도 예시

2) 업무 리스트형

단위 업무별로 간단하게 담당자를 표시하는 방법도 있다. 피라미드형 조직도와 비교하여 담당자의 책임 범위나 상하 관계가 명확하게 드러나지 않는 것이 단점이지만 간단한 사항에 대해서는 편리하게 사용할 수 있어 활용도가 높다.

업무		담당
관리	야유회 장소 결정	안정환 팀장
	예산 결정	
오락	프로그램 설계	서장훈 과장
	진행자 섭외	
	선물 결정	박지성 대리
	장비 임대	
식사	도시락 메뉴 결정	손흥민 사원
	회식 장소 섭외	

업무 리스트형 조직도 예시

시간(스케줄)

시간 계획을 수립할 때에는 먼저 해결 과제를 구체적인 단위 업무로 세분화해야 한다. 일을 구체적인 단위 업무로 나누면 단위 업무별 책임 소재를 명확히 할 수 있다. 또한 업무별로 시작일과 마감일을 정해 놓으면 관리하기 쉽고 실행력도 강해진다.

시간(스케줄) 작성 예시

1) 프로세스형

전체의 프로세스를 구분하여 일정이나 소요 기간을 표현한 방식이다. 상세한 업무를 나타낼 필요가 없을 때는 이 방식으로도 충분하다.

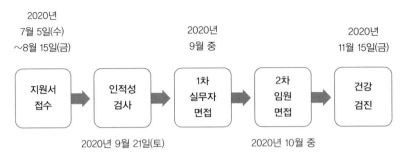

프로세스형 스케줄 예시

2) 업무 관리형(간트 차트)

업무 관리형 스케줄(간트 차트)은 과제별 상세 단위 업무를 바(Bar) 차트를 이용해 소요 기간, 시작일, 마감일을 표시함으로써 일의 진척 상황을 관리할 수 있다. 많은 사람과 조직이 관련된 프로젝트에서는 역할도 정확히 분담할 수 있고 월간이나 연간으로 이루어지는 중·장기 스케줄 관리에도 유용하다.

(▼ : 경영진 보고)

구분		1M				2M	
		W1	W2	W3	W4	W1	W2
Step 1	교육 체계 검토 및 설계 방향 도출	▬	▬				
1.1	교육 체계 검토	▬					
1.2	교육 체계 설계 방향 도출		▬				
Step 2	교육 체계 설계			▬	▼		
2.1	교육 체계도 도출			▬			
2.2	교육 체계 상세 설계				▬		
Step 3	상세 로드맵 및 프로파일 개발					▬	▬
3.1	상세 로드맵 개발					▬	
3.2	교육 과정 프로파일 개발						▬
Step 4	교육 운영 및 지원 방안 수립						▬ ▼
4.1	교육 체계 운영 프로세스 수립						▬
4.2	교육 시행 지원 제도 수립						▬

업무 관리형 스케줄(간트 차트) 예시

3) 캘린더형

캘린더형 스케줄은 주말, 명절 등 휴일을 고려한 월 단위 기간이 한 눈에 들어와 편리하다. 다만 역할 분담 등의 자세한 내용은 한눈에 파악하기 어렵다.

팀장 리더십 과정 운영 계획
–2020년 1월~2월 : 총 5차수 운영(차수별 2박 3일)

月	일	월	화	수	목	금	토	차수
2020년 1월	7	8	9	10	11	12	13	1차수
	14	15	16	17	18	19	20	2차수
	21	22	23	24	25	26	27	3차수
	28	29	30	31				–
2월					1	2	3	–
	4	5	6	7	8	9	10	4차수
	11	12	13	14	15	16	17	–
	18	19	20	21	22	23	24	5차수
	25	26	27	28				

캘린더형 스케줄 예시

돈(예산)

예산을 수립할 때는 산출 근거를 구체적으로 제시하는 것이 중요하다. 각 항목별 예산이 어떻게 책정되었는지 그 근거가 명확해야 한다.

또한 돌발 사태의 발생을 고려하여 추가 예산도 미리 확보해 놓아야 한다. 예산을 미리 확보하지 못한 상황에서 돌발 사태가 발생하면 추가 예산을 집행해야 하는 번거로움이 발생하니 주의하자.

돈(예산) 작성 예시

다음은 기획서를 작성할 때 제일 많이 활용되는 형태의 예산안이다.

이 예산안은 각 항목별로 필요한 예산의 항목과 단가, 인원, 수량, 비용 및 세부 내용을 상세하게 제시하는 구조로 되어 있다. 예산안의 오른쪽 상단에는 단위를 작성한다. 각각의 항목은 단가와 인원, 수량의 곱으로 비용이 책정된다.

(단위 : 원)

구분		단가	인원	수량	비용	세부내용
교보재비	교재	20,000	15	1	300,000	교재 20,000원 * 15명
	도서 구입	15,000	15	1	225,000	도서 15,000원 * 15명
	교보재	40,000	15	1	600,000	교보재 40,000원 * 15명
	매점상품권	10,000	15	1	150,000	매점 상품권 10,000원 * 15명
식대/간식대	식대	7,000	15	3	315,000	식사비 7,000원 * 15명 * 3식
	간식대	3,000	15	1	45,000	간식비 3,000원 * 15명
교통비	버스	300,000	1	2	600,000	버스비 300,000원 * 2회(입소/퇴소)
기타	예비비	50,000	15	1	750,000	예비비 50,000원 * 15명
합계					2,985,000	−

예산 작성 예시

기대효과와 리스크 대책

일을 했으면 성과를 내라. 회사에서 하는 일은 성과가 나와야 한다. 물론 과정의 중요성도 간과할 수 없지만 성과 없는 과정은 공허할 뿐 아니라 진급에도 영향을 미친다. 말로는 과정의 중요성을 설파하지만 경영진들의 관심은 온통 성과에 쏠려 있다.

따라서 기획서에는 해결 과제를 통해 문제를 해결하면 무엇이 좋아지고 어떤 점이 달라지는지 그 기대효과를 제시해야 한다.

기대효과 작성 방법

기대효과를 작성할 때에는 그 내용을 가능한 한 정량화(수치화)한다. 물론 정성적으로도 기대효과를 표현할 수 있지만 수치를 통해 내용을 제시하면 구체성과 신뢰성을 확보할 수 있다.

정량적·정성적 표현 이외에도 기대효과의 대상을 내부 고객과 외부 고객으로 구분하면 보다 입체적으로 기대효과를 제시할 수 있다.

다음의 표는 기대효과 작성을 위한 워크시트(Worksheet) 예시다.

구분	내부 고객	외부 고객
정량적 기대효과		
정성적 기대효과		

기대효과 작성 워크시트

리스크 관리

기대효과를 작성한 후에는 과제를 실행할 경우에 발생 가능한 리스크를 검토해야 한다.

모든 일이 우리가 계획한 대로 착착 진행된다면 얼마나 좋을까? 그러나 세상은 뜻대로 되지 않는다. 전혀 예상하지 못한 문제들이 늘 발생해 우리를 괴롭힌다.

리스크 관리의 핵심은 '리스크를 어떻게 예방할 것인가?'와 '리스크가 발생했을 때 그 피해를 어떻게 최소화할 것인가?'다.

리스크를 효과적으로 관리하는 방법을 살펴보자.

컨틴전시 플랜

컨틴전시 플랜(Contingency Plan)은 위기관리 경영 기법으로 예측하지 못한 상황이 닥쳤을 때 대처 방안을 마련하는 것을 뜻한다.

사실 미래에 발생할지 모를 모든 리스크를 예측하고 그 대처 방안을 준비하는 것은 불가능하다. 신이 아닌 이상 모든 것을 예측할 수도 없을 뿐 아니라 발생 가능성이 낮거나 거의 없는 리스크 상황에 대비하기 위해 많은 자원을 투입할 수 없기 때문이다. 그러므로 우리는 발생 가능성이 높고 회사에 큰 피해를 미칠 수 있는 리스크들을 우선적으로 파악해야 한다.

조직에서는 다음의 네 가지 상황에 놓였을 때 돌발 사태가 발생한다.

1. 지금까지 한 번도 해 본 적 없는 새로운 일
2. R&R(Role & Responsibility)이 불명확하여 회색지대(GrayZone)가 존재하거나 서로 중첩되어 있는 일
3. 기한이 시급한 일
4. 책임자가 현장에 없는 원격지에서 벌어지는 일

기획자는 현 상황을 고려하여 발생 가능성이 높은 문제들을 선별하고 이슈가 발생하지 않도록 예방 대책과 지원 요청 사항을 준비해야 한다. 기획서를 작성할 때는 이들을 묶어 '리스크 대책'이라 표현한다. 보통의 실무자들은 '리스크 대책'까지 작성하지 않는 경우가 많다. 그렇기 때문에 이를 잘 준비하여 기획서에 담으면 상사의 불안감은 낮추면서 당신에 대한 상사의 신뢰도는 크게 높일 수 있다.

상사의 마음을 훔치는 문장
: 기획서의 글쓰기 원칙

기획서를 작성할 때는 세 가지 글쓰기 원칙을 기억하자.

'간결하게, 명확하게, 자신 있게.'

그렇다. 과거 인기 있었던 화장품 광고의 캐치프레이즈 '깨끗하게, 맑게, 자신 있게'를 본떠 만든 원칙이다. 손발이 조금 오그라들긴 하지만 훌륭한 기획서 작성을 위한 글쓰기 원칙이니 기억해 두도록 하자.

간결하게 글쓰기

1. 개조식 표현

기획서의 문장을 간결하게 하기 위해서는 '개조식' 표현법을 알아야 한다. '개조식'이란 글의 앞머리에 번호나 글머리 기호를 붙여 가며 짧게 끊어서 중요한 요점이나 단어를 나열하는 방식을 말한다.

신입사원들의 경우 서술식 표현에 익숙해 메시지를 있는 그대로 모두 기획서에 담는 실수를 범하곤 한다. 그러나 특별한 경우를 제외하고 비즈니스 문서의 대부분은 '개조식' 표현법을 사용해야 한다.

[서술식 표현 예시]

> 신임 팀장 과정 참가 안내 드립니다.
> 신임 팀장 과정이 서울 유토피아 호텔, 코스모스 홀에서 2020년 3월 2일 화요일부터 3월 3일 수요일까지 1박 2일 동안 진행됩니다.
> 본 교육의 대상자는 작년 신임 팀장 교육을 미이수한 팀장님들입니다.
> 숙박을 위한 개인 준비 물품(세면도구, 휴대전화 충전기, 속옷 등)을 준비해 주시기 바랍니다.

위와 같은 '서술식' 표현은 내용이 한눈에 들어오지 않아 답답하고 직관적이지 못하다. 문자 메시지도 이런 식으로 보내면 읽기 불편해 받는 사람이 짜증을 낸다.

다음은 같은 내용을 '개조식' 표현으로 바꾼 예시다.

[개조식 표현 예시]

> **[참가 안내] 신임 팀장 과정**
> 기간 : '20.03.02(화) ~ 03.03(수), 1박 2일 숙박
> 장소 : 서울 유토피아 호텔(코스모스 홀)
> 대상자 : 작년 신임 팀장 과정 미이수 팀장
> 준비물 : 숙박을 위한 개인 물품(세면도구, 휴대전화 충전기, 속옷 등)

'개조식' 표현은 우선 글의 내용이 정갈하고 깔끔해 보기 편하다. 뿐만 아니라 허용된 지면을 효율적으로 사용하며 누락된 내용 없이 메시지를 전달할 수 있다. 상사의 입장에서는 당연히 '개조식' 표현을 선호할 수밖에 없다.

2. 중복 및 쓸데없는 표현을 피하라

문장을 간결하게 하기 위해서는 사족이 되는 말을 없애야 한다. '~~에 대한', '~~에 관한', '~~라 하지 않을 수 없다' 등의 표현 남발은 기획서를 작성할 때 흔히 하는 실수다.

아래 예시 문제를 통해 중복 및 쓸데없는 표현을 수정하는 훈련을 해보자.

[수정 전]

- 지역 축제 활성화에 대한 계획은 기존 정책과의 일관성을 고려하지 않을 수 없다.
- 양궁과 레슬링에서 금메달이란 값진 수확을 거둠
- 우선적으로 먼저 실행한다.
- 서울역전 앞에서 만나자.
- 앞으로의 추진 계획

중복 및 쓸데없는 표현 예시 수정 전

수정 전 문장을 읽고 아무 문제가 없다고 느끼는 독자가 있을 수 있다. 이는 평소 자신이 중복 및 쓸데없는 표현을 많이 사용하고 있다는 반증이다. 위 문장을 다음과 같이 수정할 수 있다.

- 지역 축제 활성화에 계획은 기존 정책과의 일관성을 고려해야 함
- 양궁과 레슬링에서 값진 금메달 수확
- 먼저 실행한다.
- 서울역 앞에서 만나자.
- 추진 계획

중복 및 쓸데없는 표현 예시 수정 후

명확하게 글쓰기

1. 숫자로 이야기하라

상사들이 후배 사원에게 듣는 애매모호한 표현 중 하나가 '열심히 하겠습니다'라는 설문 결과를 본 적이 있다. 이때 '열심히'의 기준은 측정할 수도 없고 사람마다 그 기준이 제각각이다.

[정성적 표현]

- 고객 만족도를 획기적으로 상승시키겠습니다.
- 매출 향상을 이끌어 내겠습니다.
- 빠른 시일 내에 보고를 완료하겠습니다.

[정량적 표현]

- 고객 만족도를 작년 대비 5% 상승시키겠습니다.
- 매출을 전분기 대비 50억 증가시키겠습니다.
- 3일 내로 보고를 완료하겠습니다.

정성적 표현을 정량적 표현으로 수정한 예시

기획서의 문장은 가능한 정량적으로 작성하자. 구체적인 숫자를 제시한 문장은 메시지가 분명해 여러 사람이 봐도 혼란스럽지 않고 누구나 동일한 정보로 받아들일 수 있다.

2. 다름과 나음을 담아라

자신의 아이디어를 기획서에 담을 때 단순 나열식으로 작성해서는 눈에 쉽게 들어오지도 않을뿐더러 가치를 어필하기도 어렵다.

핵심은 '내 아이디어가 기존의 방식과 비교했을 때 어떤 점이 다르고 어떤 이점이 있는지 눈에 잘 드러나는가?'다.

고객에게 매력적인 방식으로 가치를 전달했던 애플의 전 CEO 스티브 잡스는 제품에 대한 일반 사양(Specification)을 전달하는 데 많은 시간을 할애하지 않았다. 그는 다만 자사의 신제품이 기존 또는 타사의 제품과 비교해 무엇이 다르고 어떤 점이 나은지 집요하게 파고들었을 뿐이다.

기획자는 상사 또는 고객에게 자신의 아이디어를 매력적으로 제안하기 위해 다음의 세 가지 항목을 염두에 두어야 한다.

1. 피처(Feature, 기능/스펙-기본 사항) : 외적인 규격, 용도, 객관적 정보
2. 어드벤티지(Advantage, 다름-차이) : 기존/타 제품과의 차이점, ~이 다르다.
3. 베네피트(Benefit, 나음-장점) : 이로운 점, ~이 가능하다, ~이 좋다.

태블릿 PC를 예시로 피처, 어드벤티지, 베네피트를 정리하면 다음과 같다.

[피처]
580g, 10" LED LCD, 32/64/128GB,
Bluetooth, Wifi

[어드벤티지]
일반노트북 절반의 무게(580g)와
절반의 두께(0.5")

[베네피트]
편리한 문서/이미지 편집,
다양한 어플리케이션 사용 가능

태블릿 PC의 피처, 어드벤티지, 베네피트

　기획서를 작성할 때마다 위 세 가지 항목을 모두 넣을 필요는 없다. 간혹 많은 양의 정보를 나열한 후 뿌듯해하는 기획자가 있는데, 너무 많은 내용은 상대가 본질을 이해하는 과정을 오히려 방해할 수 있다. 임팩트를 줄 수 있는 핵심적인 사항 몇 가지만 선별하여 기획서에 담고 중요도가 떨어지는 일반 기능이나 특징은 별첨에 따로 모으면 충분하다.

자신 있게 글쓰기

　자신 있는 문장 표현은 기획자의 마인드와도 연결된다. 기본적으로 내가 한 기획에 자신이 있어야만 문장 하나하나에 강한 힘이 실린다.

　스스로도 설득하지 못한 기획으로 과연 누구를 설득할 수 있을까? 자신이 보기에도 미심쩍은 부분은 상사에게 보고할 때 어김없이 지적을 받게 된다.

스스로 납득할 만한 기획서를 만들었다면 기술적인 면에서 놓친 부분이 없는지 추가로 살펴봐야 한다. 그리고 자신의 의견을 주장하는 문장은 단호한 어조를 사용하여 마무리하는 것이 중요하다.

'~~에 대한 검토가 필요함'

'~~해야 한다고 생각함'

'~~해야 함'

위 예시는 단호함의 정도에 조금씩 차이가 있다. 위에서 밑으로 내려올수록 더욱 확신에 찬 표현이다. 이때 한 가지 주의해야 하는 것은 승부에 '절대'가 없듯 비즈니스 상황에서도 절대적인 표현은 오히려 상대에게 거부감을 줄 수 있다는 사실이다. 기획자는 상황에 맞게 단호함의 정도를 조절하여 활용하는 센스가 필요하다.

- **한 치의 오차 없이~**
- **절대적으로 추진해야 함**
- **100퍼센트 확신함**

상대방에게 거부감을 줄 수 있는 표현

나만의 비즈니스 단어 모음집을 만들자

기획서 작성 과정에서 제일 곤혹스러울 때가 세련되고 그럴듯해 보이는 단어 하나가 떠오르지 않을 때다. 이럴 때를 대비해 선배들의 기획서를 참고하여 활용 가능한 단어를 수집하고 나만의 비즈니스 단어 모음집을 만들자. 단어가 잘 생각이 나지 않을 때 이 모음집을 활용하면 기획서 작성에 큰 도움이 된다.

아래는 비즈니스 단어 모음집 예시다. 시간, 상태, 관계, 개선 등 주제별로 다양한 단어를 수집해 보았다. 각각의 단어들을 서로 조합하면 더 많은 어휘를 만들 수 있다.

구분	단어 모음
시간	단기적, 중장기적, 장기적, 지속적, 주기적, 상시적, 정기적
상태	유연한, 능률적, 수동적, 보존, 중단, 지속, 미흡, 흡족, 만족, 충만, 불만, 부재, 유지, 관리, 제고
관계	개별적, 유기적, 종합적, 협력적
개선	함양, 육성, 연마, 양성, 강화, 악화, 발전, 진보, 진화, 향상, 협업, 번성, 번영, 전개, 확산, 확보, 시도, 구축, 수립, 해결, 창출, 지향, 지양, 설계, 개발, 도출, 지원, 도모
기타	분석적, 체계적, 극단적, 효율적, 효과적, 모멘텀, 동력, 성과

비즈니스 단어 모음집 예시

덧붙여 단기간에 비즈니스 어휘력을 늘리는 팁을 소개하겠다. 인터넷 포털 사이트에 있는 국어사전에서 사용하고자 하는 단어의 유의어를 검색해 단어 모음집에 추가해 보자.

예를 들어 '발전'이란 단어를 검색하면 '발달', '진전', '흥성', '융성', '도약', '성장', '번영', '약진' 등의 다양한 유의어가 나온다.

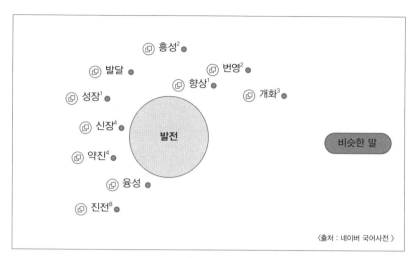

〈출처 : 네이버 국어사전 〉

다양한 유의어의 사용이 문장을 더욱 풍성하게 만든다

동일한 단어를 반복해 사용하기보단 알맞은 유의어로 대체하면 문장이 더욱 풍성해진다.

[수정 전]

> 기업의 인적 역량 발전을 위해 채용 프로세스의 발전이 필요함

[수정 후]

> 기업의 인적 역량 향상을 위해 채용 프로세스의 진전이 필요함

유의어를 활용해 문장을 작성한 예시

4장

기획서 작성 – 디자인

기획서 디자인의 다섯 가지 룰

어느 문서든 핵심은 콘텐츠다. 그러나 디자인이 형편없으면 콘텐츠는 눈에 들어오지 않는다.

이성을 사귈 때 대부분의 사람들이 상대방의 성격을 최우선으로 본다고 이야기한다. 물론 틀린 말은 아니다. 그러나 그 말에는 가정이 숨어 있다. 바로 '외모가 맘에 들 경우'라는 가정이다. '이왕이면 다홍치마'라는 옛말처럼 외관상으로 멋지고 예쁜 것에 한 번 더 눈이 가는 것은 인간의 본성이다.

기획서 또한 마찬가지다. 복잡하고 보기 어려운 기획서보다 깔끔하고 세련된 기획서가 아무래도 눈에 더 잘 들어온다.

다음 페이지에 나오는 그래프의 사분면은 기획서 디자인과 콘텐츠에 따른 상사의 반응이다. 당신의 기획서는 어디에 해당하는가? 기획서의 디자인과 콘텐츠가 모두 훌륭하다고 자부하는가? 그렇다면 아마도 부서의 핵심 인재로 인정받고 있을 것이다.

만약 디자인과 콘텐츠가 모두 상사의 기대에 한참 미치지 못하다면 늘 당신은 야근에 찌들어 있을 것이다.

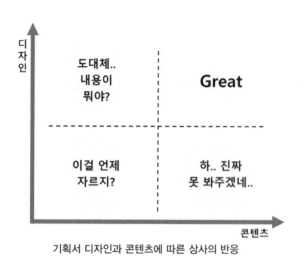

기획서 디자인과 콘텐츠에 따른 상사의 반응

기획서의 디자인

디자인이라고 해서 거창하게 생각하거나 부담을 가질 필요는 없다. 디자이너처럼 감각적인 기획서를 만들라는 뜻이 아니기 때문이다.

기획서의 디자인이란 레이아웃과 폰트, 색깔 등 문서에서 보이는 느낌과 내용을 표현하는 방법을 말한다. 여기서 핵심은 '상사에게 당신의 기획이 부족함 없이 효과적으로 전달되는가?'다.

강의를 하며 기획서 작성 실습을 하다 보면 기획자들이 많이 저지르는 실수가 하나 있다. 본인의 기획서를 화려하게 구성해야 한다고 생각하는 것이다. 신입사원 시절 필자 역시 콘텐츠가 아닌 디자인에 치중한 기획서를 작성한 적이 있다. 그럴 때마다 사수였던 선배는 나에게 "이봐, 그림 그리러 회사 나왔어?", "기획서는 대체 언제 작성하는 거야?"라며 핀잔을 주곤 했다.

다양한 고객사를 상대로 여러 프로젝트를 동시에 수행하는 컨설팅업의 특성상 작업의 효율과 생산 측면에서 디자인에 과도한 에너지를 투입하는 것은 불리할 수밖에 없다. 본질을 꿰뚫는 메시지 없이 디자인에만 치우친 기획서를 상사에게 들이밀면 당연히 꾸지람을 듣게 된다.

"빈 수레가 요란하다더니, 이게 뭐야? 핵심 메시지는 하나도 없네?"

"내용이 부실하니 모양만 그럴듯하게 신경 썼구먼?"

자, 그렇다면 어떻게 해야 최소한의 디자인으로 내용에 충실한 기획서를 작성할 수 있을까?

다음에 제시한 다섯 가지 룰은 대한민국 기획서 디자인의 소위 '국룰'이라 할 수 있으니 꼭 유념하여 지키도록 하자.

1. One 페이지 One 메시지

한 페이지에 너무 많은 차트와 메시지가 들어가면 기획서를 보는 사람이 한눈에 이해하기 어렵다.

어디까지나 전달하고 싶은 핵심 메시지 하나와 그것을 검증하는 차트나 표, 하나만을 넣는 것이 좋다.

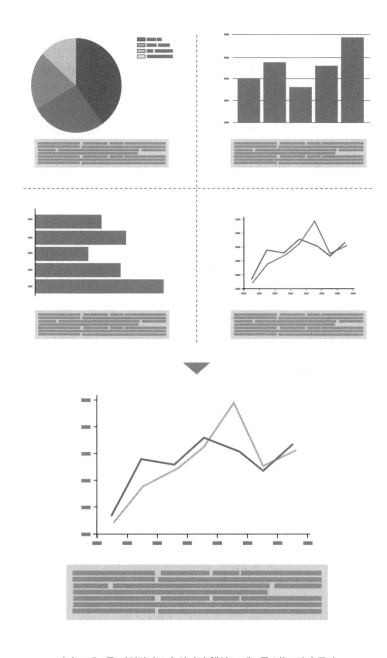

여러 그래프를 나열하기보다 하나의 핵심 그래프를 넣는 것이 좋다.

2. 기본 색과 강조 색 정하기

기획서를 작성할 때 어떤 색을 활용해야 하는지 모르는 초보 실무자가 의외로 많다.

기획서를 만들 때는 우선 기준이 되는 기본 색을 정한다. 기본 색은 보통 검은색, 진한 남색, 진한 회색이 주로 활용되며 회사 CI(Corporate Identity)에 있는 주요 색 하나를 정해 사용하기도 한다. 강조 색은 차별화되는 포인트나 강조해야 할 내용을 표기할 때 필요하다. 기본 색의 보색(반대색) 또는 빨간색을 사용하면 무난하게 활용할 수 있다. 파스텔 계열 내지는 형광 계열의 색은 기본 색으로 사용하면 눈이 쉽게 피로해지기 때문에 특별한 상황이 아닌 이상 사용하지 않는다.

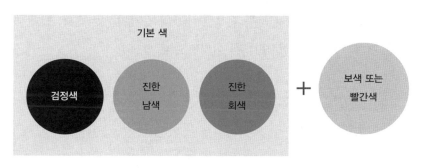

기획서의 색 구성

3. 정보를 묶을 때 회색 배경 활용하기

세트가 되는 정보는 보통 박스 선을 활용하여 묶어 두는데, 이러면 답답해 보일 뿐만 아니라 정보가 한눈에 들어오지도 않는다.

연한 회색 배경을 활용하여 세트가 되는 정보를 묶으면 훨씬 깔끔하고 정돈된 느낌을 줄 수 있다.

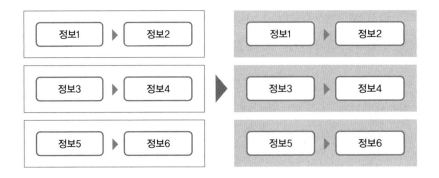

4. 폰트 크기는 세 가지 이내로 사용하기

기획서의 폰트 크기가 모두 같으면 내용의 강약이 사라진다. 반대로 폰트 크기가 너무 다양하면 눈이 어지럽고 보기 불편하다.

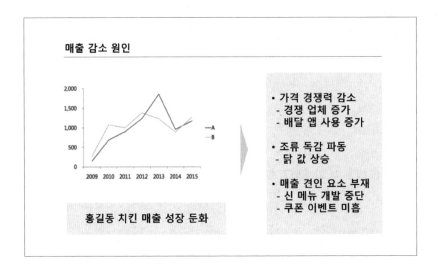

폰트 크기를 세 가지 이내로 사용하여 핵심만 강조하면 내용도 눈에 잘 들어오고 읽기 편하다.

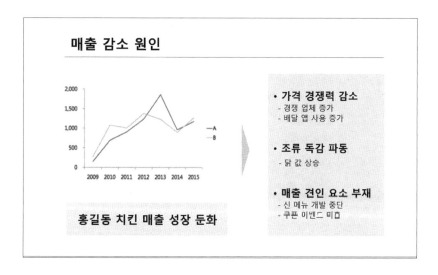

5. 줄 간격은 1.2 이상으로 설정하기

기획서에 긴 문장을 담아야 하는 경우 줄 간격이 좁으면 답답한 인상을 준다.

2021년 홍길동 치킨 매출 목표

수도권	100억	· 매장 200개 이상 확대 · 인터넷 배달앱 판매 증진 · 신 메뉴 개발 (연내 2개 이상)
지방	180억	· TV 광고로 브랜드 인지도 향상 · 영업 인재 채용, 영업 체제 강화 · 해외 시장 진출 전략 수립

위아래에 1.2 이상의 줄 간격을 설정하면 문장 사이에 여백이 생겨 한결 보기 편하다.

2021년 홍길동 치킨 매출 목표

수도권	100억	• 매장 200개 이상 확대 • 인터넷 배달앱 판매 증진 • 신 메뉴 개발 (연내 2개 이상)
지방	180억	• TV 광고로 브랜드 인지도 향상 • 영업 인재 채용, 영업 체제 강화 • 해외 시장 진출 전략 수립

이외에도 불필요한 이미지나 3D 입체 도형 등을 활용하여 화려한 기획서를 만드는 것을 피해야 한다.

간혹 슬라이드에 여백이 생기는 것이 불안하여 불필요하거나 중요도가 떨어지는 내용을 보태는 경우가 있다. 그러나 실무자의 이러한 우려와는 달리 여백의 미를 잘 활용하면 기획안의 핵심이 눈에 잘 들어오고 전달력이 높아진다.

보기 좋은 매트릭스(표) 작성법

데이터 정리의 첫 단계, 매트릭스 입력

매트릭스란 원래 수학 용어로 행렬이란 뜻이다. 가로줄은 '행', 세로 줄은 '열'이라 부르며, 행과 열이 서로 교차하는 셀에는 그 데이터 값을 입력한다.

매트릭스는 데이터를 정리하는 가장 기본적인 차트로 흔히 '표'라고도 한다. 표 각각의 셀에 입력하는 데이터 값이 반드시 숫자일 필요는 없다. 항목명이나 특이사항, 비고 등 정성적 표현도 입력이 가능하다.

매트릭스 작성 시 유의 사항

매트릭스는 다양한 데이터를 한눈에 볼 수 있기 때문에 기획서를 작성할 때 자주 사용된다.

매트릭스 작성 시 유의 사항은 다음과 같다.

- 색과 테두리 선은 가능한 한 줄여 최대한 심플하게 할 것
- 불필요한 메시지는 생략하고 최소한의 표로 만들 것
- 동일 항목이 많으면 셀을 통합하여 그룹화할 것
- 행수와 열수가 많으면 짝수 행과 홀수 행의 색깔을 달리할 것
- 구분 값은 폰트를 크고 진하게 하고 색을 넣어 차이를 둘 것

매트릭스 작성 사례

매트릭스를 만들 때는 구분 값의 폰트를 크고 진하게 해 알기 쉽게 정리하고, 행수가 많을 때에는 짝수 행과 홀수 행의 배경 색을 구분해 한눈에 들어오도록 만든다.

또한 매트릭스는 항목이 많아질수록 답답해 보이고 보는 사람의 눈을 피로하게 만든다. 이럴 때는 매트릭스의 양옆 세로선을 제거한다. 답답함이 사라지고 데이터가 한결 편안하게 눈에 들어오는 효과가 있다.

구분	가격(40)	성능(30)	디자인(30)	합계(100)
A사	35	15	10	60
B사	25	30	25	80
C사	20	35	10	65
D사	15	25	30	70
E사	10	20	30	60

구분	가격(40)	성능(30)	디자인(30)	합계(100)
A사	35	15	10	60
B사	25	30	25	80
C사	20	35	10	65
D사	15	25	30	70
E사	10	20	30	60

짝수 행과 홀수 행의 배경 색을 구분한 매트릭스

구분	가격(40)	성능(30)	디자인(30)	합계(100)
A사	35	15	10	60
B사	25	30	25	80
C사	20	35	10	65
D사	15	25	30	70
E사	10	20	30	60

양옆 세로선을 제거한 매트릭스

두 가지 사항을 비교할 때는 구분 항목을 가운데에 배치한다.

일반적으로 구분 항목의 배치는 왼쪽 첫 번째 열에 두는 경우가 많다. 상황에 따라서는 구분 항목을 가운데에 배치하는 것이 효과적일 때가 있는데 바로 두 가지 사항을 비교할 때다.

구분	A사	B사
가격(25)	20	25
성능(25)	15	20
서비스(25)	20	15
디자인(25)	15	20
합계(100)	70	80

A사	구분	B사
20	가격(25)	25
15	성능(25)	20
20	서비스(25)	15
15	디자인(25)	25
70	합계(100)	85

가운데에 구분 항목을 둔 매트릭스

구분 항목이 왼쪽 첫 번째 열에 있을 때에는 다소 번잡스럽게 시선을 움직이며 항목 값을 읽어 내야 한다. 반면에 구분 항목이 가운데에 있을 때는 항목별 비교치를 한눈에 볼 수 있어 편하다.

누구나 쉽게 하는 차트 작성의 기술

왜 차트를 작성하는가?

회사에서는 수치로 말해야 설득력이 높다. 그러나 메시지가 없는 숫자와 데이터의 나열은 아무 의미가 없다. 숫자나 데이터를 통해 의미를 전달하기 위해서는 데이터를 분석하고 경향을 파악해 전하고자 하는 메시지를 분명하게 작성해야 한다.

'차트'는 수치 데이터를 보기 좋게 가시화해 데이터 전체가 지닌 메시지가 잘 전달되도록 도와주는 역할을 한다.

'한 개의 차트가 천 마디 말보다 가치 있다.'라는 말이 있듯이 말로 백날 설명해 봤자 임팩트 있는 차트 하나가 더 큰 설득력을 가진다. 따라서 기획자는 차트를 작성할 때 데이터 속에서 자신이 전달하고자 하는 메시지를 명확하게 뽑아낼 수 있어야 한다. 하나의 데이터에 다양한 메시지가 포함되어 있다 해도 전달하고자 하는 메시지와 관련이 없다면 그 메시지는 말할 필요가 없다. 차트를 애써 작성했는데 상대방이 어려워한다면 그 차트는 잘못된 것이다. 상대방이 이해하기 쉽게 차트를 연출하기 위해서는 어떻게 해야 할까? 다음의 세 가지 사항을 유념하자.

1. 차트는 적을수록 좋다 : 하나의 차트만 활용하면 보는 사람은 100퍼센트 집중한다. 그러나 100개의 차트를 이용하면 단 하나도 기억하지 못한다.
2. 글자는 크게, 수치는 반올림, 단어는 기호로 : 혼동을 일으키지 않는 선에서 단어는 줄이고 글자 폰트는 키운다. 소수점 이하가 크게 중요하지 않다면 반올림하거나 생략한다. 기호를 적극적으로 사용하자. 기호는 단어보다 더 직관적이다(달러 → $, 퍼센트 → %).
3. One 페이지 One 차트 : 한 장의 슬라이드에 하나의 차트와 개념이 들어가야 이해하기 쉽다. 만약 여러 개의 차트가 한 장의 슬라이드에 들어가 있다면 슬라이드를 나누어 표현한다.

표현하고 싶은 메시지와 차트의 종류가 일치하는가?

세계적인 전략 컨설팅 회사인 맥킨지 앤드 컴퍼니는 당신이 이야기하고 싶은 메시지가 무엇이든 아래 다섯 가지 차트 유형 중 하나로 표현할 수 있다고 이야기한다.

다섯 가지 차트 유형은 다음과 같은 다섯 가지 메시지 유형에 하나 이상 대응된다.

원	가로막대	세로막대	꺾은선	점

다섯 가지 차트 유형

1. 구성 요소 비교(전체의 구성 비율을 나타낼 때)

2. 항목 비교(항목별 차이를 나타낼 때)

3. 시간적 추이 비교(시계열 변화를 나타낼 때)

4. 도수 분포 비교(빈도의 분포를 나타낼 때)

5. 상관관계 비교(변수 간의 관계를 나타낼 때)

차트＼유형	구성요소	항목	시간적 추이	도수분포	상관관계
원	●				
가로막대		●			●
세로막대			●	●	
꺾은선			●	●	
점					●

메시지 유형별 활용 가능 차트

출처 : 진 젤라즈니, 『맥킨지, 차트의 기술』

다섯 가지 기본 차트 유형에 대해 더 자세히 알아보자.

원형 차트

원형 차트는 전체를 구성하는 각 요소가 어느 정도의 비율을 차지하고 있는지 나타낼 때 사용한다.

[메시지 예시]

- 산업 전체 매출에서 A사가 차지하는 비중이 가장 크다.
- 분식집의 2020년 총 매출액 가운데 김밥이 차지하는 비율은 55퍼센트다.
- A사 제품의 시장 점유율은 전체 산업에서 10퍼센트에 불과하다.

다음은 원형 차트를 사용할 때의 주의 사항이다.

1. 구성 요소는 다섯 개를 넘기지 않는다. 항목이 너무 많으면 차트를 활용한 의미가 없다. (중요하지 않은 항목은 하나로 묶어 '기타'로 표현한다.)
2. 12시 방향부터 시계방향으로 항목을 배치한다. 서로 비슷한 항목이라면 크기(구성 비율) 순으로 배열하고, 주요 항목의 색을 강조한다.

'산업 전체 매출에서 A사가 차지하는 비중이 가장 크다'라는 메시지를 원형 차트로 표현하면 다음과 같다.

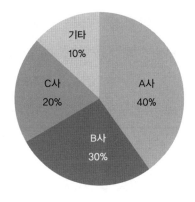

가로막대형 차트

　가로막대형 차트는 하나의 기준을 바탕으로 항목별 차이 또는 순위를 비교할 때 사용한다.

[메시지 예시]

　− 2015년 OECD 국가별 연평균 근로 시간에서 한국이 2위를 차지했다.

　− 우리 회사의 매출액은 국내 회사 중 5위를 기록했다.

　− A은행의 이직률이 국내 여섯 개 은행의 이직률 중 2위를 기록했다.

　다음은 가로막대형 차트를 사용할 때의 주의 사항이다.

1. 항목은 위에서 아래 순으로 배치하고 강조하고 싶은 항목의 색은 바꾸어 표현한다.
2. 차트 값이 메시지에 끼치는 영향이 미미할 경우 반올림하거나 소수점 이하 자리는 생략한다.

3. 눈금과 수치를 동시에 사용하지 않는다. 메시지에서 값이 중요할 때는 그 수치를 명시하고, 요소들 간 관계를 보고 싶다면 눈금을 사용한다.

'2015년 OECD 국가별 연평균 근로 시간에서 한국이 2위를 차지하였다'라는 메시지를 가로막대형 차트로 표현하면 다음과 같다.

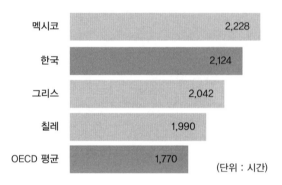

세로막대 및 꺾은선 차트

세로막대 및 꺾은선 차트는 시간 흐름에 따른 변화를 나타낼 때 사용한다. 월별 매출 추이 등 시간에 따라 수량이 변하는 트렌드를 나타내고 싶은 경우다.

[메시지 예시]

- 매출이 2016년 이래 여섯 배 증가했다.
- 당사의 영업이익은 1분기 이후 꾸준히 증가했다.
- 지난 5년간 A제품의 판매율은 지속적으로 감소했다.

다음은 세로막대 및 꺾은선 차트를 사용할 때의 주의 사항이다.

1. 시간은 세로축(위에서 아래)이 아니라 가로축(왼쪽에서 오른쪽) 방향으로 표시한다.
2. 세로막대는 항목이 적을 때(약 5~8개), 꺾은선은 항목이 많을 때 사용한다.
3. 한 시점을 다른 시기보다 강조하거나 과거 데이터와 미래 예측 데이터를 구분할 때에는 다른 색을 사용한다.

'매출이 2016년 이래 여섯 배 증가했다'라는 메시지를 세로막대형 차트로 표현하면 다음과 같다.

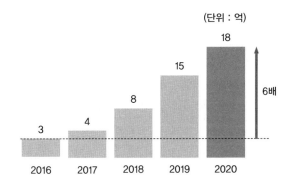

(단위 : 억)

점 차트

점 차트는 복수의 변수를 비교하거나 상관관계를 파악할 때 사용한다. 예를 들어 지역별 매출과 이익의 상관관계나 영업사원의 교육 연수와 영업 실적과의 상관관계를 알고 싶을 때다.

[메시지 예시]

– 할인 폭과 판매량은 관계가 없다.

– 팀장의 리더십 수준이 팀 성과에 영향을 미친다.

– 영업 실적은 영업사원의 교육 참가 여부에 비례한다.

다음은 점 차트를 사용할 때의 주의 사항이다.

1. 한눈에 이해하기 어렵기 때문에 상대방에게 차트 읽는 법을 설명해야
   할 수 있다.
2. 당신이 기대하는 패턴을 빈 화살표로 차트에 삽입하면 차트를 이해하는
   데 도움이 될 수 있다.

'할인 폭과 판매량은 관계가 없다'라는 메시지를 점 차트로 표현하면
다음과 같다.

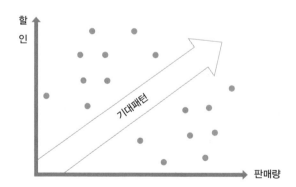

차트 작성 이것만은 제발!

차트의 목적은 데이터를 가시화하여 메시지를 효과적으로 전달하는 것이다. 그런데 간혹 불분명한 차트를 만들어 혼란을 초래하는 경우가 있다. 차트를 작성할 때 해서는 안 되는 사항에는 무엇이 있는지 살펴보자.

1. 원근감이나 3D로 입체감을 살리지 말 것

3D 차트는 얼핏 세련돼 보일 수 있으나 정확한 크기와 면적을 파악하기 어려워 메시지 전달에 방해가 될 수 있다. 차트는 2D 평면 차트를 사용하는 것이 더 효과적이다.

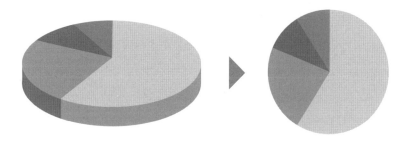

3D 입체 차트보다는 2D 평면 차트를 사용하자.

2. 차트의 제목을 작성할 때는 메시지형 제목으로 작성할 것

'회사 영업이익 추세 / 상품별 매출 순위 / 연령별 직원 분포'라는 제목들은 차트의 주제를 나타내고 있지만 무엇을 말하고자 하는지에 대해서는 언급이 없다. 회사 영업이익이 증가한 것인지, 감소한 것인지, 상품별 매출 순위가 가장 높은 것은 무엇인지, 직원 분포는 어느 연령대에 집중되어 있는지 전혀 내용을 알 수 없다. 차트의 제목을 작성할 때는 제목에 차트가 말하고자 하는 메시지가 드러나야 한다.

- 일반 제목 : 회사 영업 이익 추세
- 메시지형 제목 : 회사 영업 이익이 3배로 증가함
- 일반 제목 : 상품별 매출 순위
- 메시지형 제목 : 상품 A가 전체 상품 매출 중 1위를 기록함
- 일반 제목 : 연령별 직원 분포
- 메시지형 제목 : 회사 직원 절반 이상이 35~45세 범위에 분포함

3. 필요에 따라 눈금의 최솟값을 조정할 것

항목별 값의 차가 적어 차이가 드러나지 않는다면 눈금의 최솟값을 조정할 수 있다.

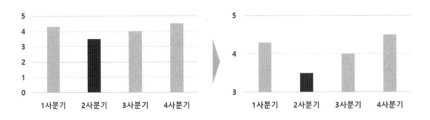

눈금의 최솟값을 조정하여 항목별 차이를 두드러지게 만든 차트

앞의 차트는 눈금의 최솟값을 0에서 3으로 조정하여 항목별 차이를 두드러지게 만든 예시다. 최솟값을 조정해 표현하면 항목별 값의 차이가 커져 전달력이 상승한다.

줄만 잘 서도 절반은 성공

: 기획서 줄 맞추기

안내선 기능 활용하기

파워포인트로 기획서를 작성하다 보면 도형이나 텍스트 상자의 줄이 맞지 않아 지저분해 보일 때가 있다. 이럴 때는 파워포인트 상단의 '보기' 탭을 눌러 안내선 항목을 체크한다. 안내선에는 자석 기능이 있어 원하는 위치에 도형과 텍스트 상자를 손쉽게 줄 맞춤할 수 있다. 눈금자, 눈금선 항목도 함께 체크하면 더 정확하게 줄을 맞출 수 있다.

맞춤과 정렬 기능으로 정돈하기

홈 탭의 '정렬 – 맞춤' 기능을 사용하면 흩어진 도형이나 텍스트 상자를 깔끔하게 정리할 수 있다.

정렬이 필요한 도형이나 텍스트 상자를 모두 선택한 후 왼쪽, 오른쪽, 위쪽, 아래쪽, 중간, 가운데 등 원하는 방향에 따라 맞춤 정렬할 수 있다.

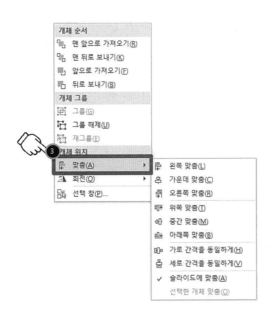

뿐만 아니라 가로 간격, 세로 간격을 동일하게 정렬하는 기능을 사용하면 더욱더 깔끔하게 레이아웃을 정리할 수 있다.

한글 단어 잘림 허용

기획서를 작성하다 보면 문장의 단어가 중간에 잘리며 줄이 바뀌는 경우가 종종 있다. 단어들이 잘리며 줄 바꿈이 되면 메시지가 한눈에 읽히지 않아 가독성이 떨어진다. 이럴 때는 홈 탭의 '줄 간격 – 줄 간격 옵션'을 선택한다.

단락 탭이 생성되면 한글 입력 체계에 들어가 한글 단어 잘림 허용 항목에 설정되어 있는 체크를 없앤다.

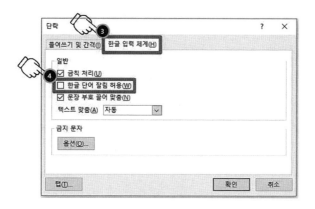

그러면 단어가 잘리지 않고 온전히 살아 있는 상태로 줄 바꿈이 되어 단락이 깔끔해지고 가독성이 좋아진다.

• 기존 조직의 문제점을 도출하고, 인사 전략 및 제도 설계를 위한 방향을 도출하고자 함 • 타사 운영현황 및 선진사 벤치 킹을 통해 조직 및 인사제도의 설계 방향을 선정하고자 함	• 기존 조직의 문제점을 도출하고, 인사 전략 및 제도 설계를 위한 방향성을 도출하고자 함 • 타사 운영현황 및 선진사 벤치 마킹을 통해 조직 및 인사제도의 설계 방향을 선정하고자 함

유능한 사람은 그림으로 생각한다

도해 사고

도해 사고란 '자신이 말하고자 하는 메시지를 그림으로 생각하여 풀어 내는 것'을 의미한다. 간단한 도형(사각형이나 원)이나 화살표를 이용해 정보를 정리하고 전달하는 방식으로 누구나 쉽게 할 수 있다.

글로만 메시지를 전달하는 커뮤니케이션은 위험하다. 사람에 따라 말의 뜻과 문구를 받아들이는 방식이 천차만별이기 때문이다. 그러나 그림으로 표현하면 그 차이를 줄일 수 있다.

실제로 인간의 정보 독해 속도를 실험한 결과, 글보다 도해를 사용했을 때 더 빠르게 내용을 이해할 수 있는 것으로 밝혀졌다. 그림으로 생각하고 그림으로 전달하는 습관은 비즈니스 커뮤니케이션 능력을 높이는 데 큰 도움이 된다.

도형으로 메시지를 정리한다

도형은 요소를 나타낸다. 이 요소에는 원인, 결과, 장소, 비용, 이름 등 어떠한 정보를 넣어도 상관없다. 그리고 화살표는 요소와 요소 사이의 관계성을 나타낸다. 시간의 흐름, 인과 관계, 요소 간 차이 등 각 요소 사이의 관계를 다양하게 표현할 수 있다.

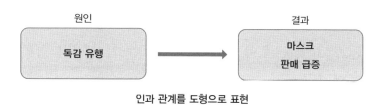

인과 관계를 도형으로 표현

두 지역의 거리 차를 도형으로 표현

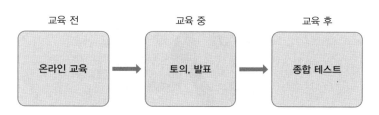

시간의 흐름 또는 순서를 도형으로 표현

전형적인 비즈니스 모델, 서로 교환하는 가치가 무엇인지 도형으로 표현

픽토그램 활용

픽토그램(Pictogram)은 누구나 의미를 쉽게 알 수 있도록 그림으로 만든 문자다.

픽토그램의 목적은 문자와 언어의 차이가 있더라도 모든 사람이 동일한 의미로 이해할 수 있도록 하는 것이다. 그렇기 때문에 외국인의 출입이 많은 공항 및 터미널에 주로 활용되며, 몇몇 픽토그램은 국제 규격으로 정해져 있다.

국제 표준 픽토그램 중 하나인 비상구 표식

텍스트로만 이루어진 문서는 내용을 한눈에 파악하기 어렵다. 읽는 사람의 입장에서는 글을 일일이 다 읽어야만 하는 수고가 생긴다. 기획서를 작성할 때 텍스트를 보조하는 기능으로 픽토그램을 활용하면 내용을 직관적으로 전달하는 데 도움이 된다. 다만 픽토그램을 너무 자주 사용하기보다는 핵심 메시지를 보조하는 목적에 한해 최소한으로 활용할 것을 권한다.

5장

기획서 보고

다 쓴 기획서 다시 보기

끝날 때까지 끝난 게 아니다

과거 미국 메이저리그 뉴욕 양키스에서 활약했던 레전드 야구 선수이자 지도자인 '요기 베라'가 남긴 유명한 말이다.

비단 야구뿐이랴. 기획서도 마찬가지다. 나 혼자 작성했다고 해서 끝난 것이 아니다. 직장인에게 있어 기획서 작성이 끝나는 시점은 상사에게 최종 컨펌을 받는 순간이다.

상사에게 컨펌을 받기 전까지는 기획서의 완성도를 높이기 위해 '고쳐 쓰기(퇴고)' 작업을 거쳐야 한다. 완벽하다고 생각한 문서가 상사의 빨간 펜에 무차별 폭격을 당한 경험이 누구에게나 한 번쯤은 있을 것이다. 특히 첫 페이지 제목에서부터 오탈자가 발견되면 감당하기 힘든 민망함에 얼굴이 시뻘게지기도 한다. 상사가 오타를 잡아내 알려준다는 것은 기획자에게는 큰 치욕이다. 단순한 오탈자 하나로 실무자에 대한 신뢰도가 크게 떨어질 수 있으니 마지막 순간까지 신중을 기하자.

호랑이는 가죽을 남기고 직장인은 문서를 남긴다

문서가 가진 영향력은 실로 어마어마하다. 작성자에게 막중한 책임이 부여됨과 동시에 직장인으로서의 능력을 측정할 수 있는 중요한 증거 자료가 되기 때문이다. 게다가 한 번 작성된 문서는 사라지지 않고 그림자처럼 작성자를 영원히 따라다닌다. 이게 바로 마지막의 마지막까지 문서의 완성도를 높여야 하는 이유다.

기획서가 튼튼해지는 세 가지 점검 포인트

기획서를 보고하기 전에는 긴장되기 마련이다. 결국은 상사에게 컨펌을 받아야만 업무를 시작할 수 있기 때문이다.

완성도 높은 기획서를 상사에게 보고 하려면 아래 세 가지 점검 포인트를 확인하자.

1. 출력본을 소리 내 읽어 본다

대부분의 직장인들은 모니터 상에서 오탈자를 찾거나 수정한다. 그러나 두세 차례 점검을 완료한 기획서도 출력하여 소리 내 읽으면 보이지 않던 오타가 보이고 다양한 수정 사항들이 생긴다.

기획서는 스토리다. 내가 생각하는 문제가 무엇인지 그리고 그 문제를 해결하기 위해 무엇을 어떻게 해야 하는지 잘 짜인 하나의 이야기인 셈이다. 눈으로만 읽어서는 스토리가 보이지 않는다. 소리 내 읽을 때에 비로소 전체 맥락 안에서 문장과 문맥의 자연스러움을 점검할 수 있다.

2. 전체 맥락과 기획의 논리 흐름을 살펴본다

기획서를 검토할 때 기획의 논리 흐름(Why-What-How)에 따라 균형이 잘 잡혀 있는지, 누락되거나 미흡한 부분은 없는지 살펴보아야 한다. 각 단계별 필수 질문을 통해 내용을 점검하자.

- Why 단계 : 무엇이 문제인가?

　　　　　　　문제의 원인이 무엇인가?

　　　　　　　상사(회사) 및 고객의 요구 사항은 무엇인가?

　　　　　　　동종업계의 선진 기업은 어떻게 대처하고 있는가?

- What 단계 : 목표는 무엇인가?(기간과 수준 포함)

　　　　　　　해결 과제와 과제별 상세 방안은 무엇인가?

- How 단계 : 업무 실행 주체는 누구인가?

　　　　　　　타임 스케줄은 어떻게 되는가?

　　　　　　　소요 비용은 어떻게 예상하는가?

　　　　　　　예상되는 기대효과는 무엇인가?

　　　　　　　발생 가능한 리스크 요인은 무엇이며 어떻게 대처할 것인가?

Why	What	How
• 무엇이 문제인가? • 문제의 원인이 무엇인가? • 상사(회사) 및 고객의 요구 사항은 무엇인가? • 동종업계의 선진 기업은 어떻게 대처하고 있는가?	• 목표는 무엇인가? (기간과 수준 포함) • 해결 과제와 과제별 상세 방안은 무엇인가?	• 업무 실행 주체는 누구인가? • 타임 스케줄은 어떻게 되는가? • 소요 비용은 어떻게 예상하는가? • 예상되는 기대효과는 무엇인가? • 발생 가능한 리스크 요인은 무엇이며 어떻게 대처할 것인가?

기획의 논리 흐름 단계별 필수 질문 리스트

3. 상사의 입장에서 바라본다

상사라고 이야기했지만 더 넓게는 최종 결재권자의 관점까지도 염두에 두어야 한다. 회사에서의 최종 결재권자는 경영진이다. 컨펌이 되기 위해서는 결국 경영진의 요구를 만족시킬 수 있는 기획서가 나와야 한다.

아래의 질문을 스스로에게 던져 보자.

'이 기획이 정말 회사에 의미가 있는 것인가?'

'내가 상사라면 이 기획을 결재할 것인가?'

'내가 상사라면 이 기획서를 가지고 최고 경영진에게 갈 수 있을까?'

도종환 시인의 「흔들리며 피는 꽃」이란 시에는 이런 구절이 있다.

'흔들리지 않고 피는 꽃이 어디 있으랴. 이 세상 그 어떤 아름다운 꽃들도 다 흔들리며 피었나니.'

기획서도 마찬가지다. 한 번에 컨펌되는 기획서가 과연 존재할까? 상사의 모진 피드백도 꿋꿋이 견디고, 지루하게 반복되는 수정 작업에도 포기하지 않는 뚝심으로 한 걸음씩 전진해야만 비로소 기획서는 실제 업무라는 꽃을 피울 수 있다.

결론부터 말하자면

"그래서 하고 싶은 말이 대체 뭐야?"

대부분의 상사는 바쁘다. 그러다 보니 인내심도 부족하다. 상사가 그 자리에 올라가 있는 것은 그만큼의 경험과 노하우가 있기 때문이다. 이미 보고 내용을 대부분 짐작하고 있을 수도 있다. 그래서 상사는 내가 결론을 말하기도 전에 말을 끊는다.

그러므로 회사에서는 차근차근 논리를 전개한 후 결론을 말하는 미괄식 보고는 불리하다.

두괄식 보고의 흐름

기획의 3단계 논리 흐름은 'Why - What - How'이다. 그런데 보고를 할 때는 이 흐름을 그대로 유지해서는 안 된다. 'Why - What - How'의 흐름은 전형적인 미괄식 흐름이기 때문이다.

늘 바쁘고 정신없는 상사를 배려하는 차원에서도, 실무자의 빠른 업무 처리를 위해서도 두괄식 보고를 하는 것이 좋다.

그렇다면 두괄식으로 보고할 때에는 어떤 흐름으로 진행해야 할까? 'What – Why – How'의 흐름으로 순서를 살짝 변경하자.

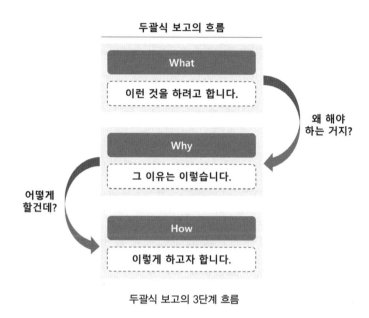

두괄식 보고의 흐름

What

이런 것을 하려고 합니다.

왜 해야 하는 거지?

Why

그 이유는 이렇습니다.

어떻게 할건데?

How

이렇게 하고자 합니다.

두괄식 보고의 3단계 흐름

'What'은 '문제 해결을 위해 무엇을 하고자 하는지(결론)', 'Why'는 '선정 이유와 근거는 무엇인지(이유·근거)', 'How'는 '실행을 어떻게 할 것인지(실행 계획)'에 대한 내용으로 구성해 침착하게 순서대로 보고하면 된다.

미괄식 보고는 말이 길어지다 보니 요점에서 벗어나고 내용이 복잡해지는 약점이 있다. 보고는 간단한 게 최고다. 그래서 두괄식 보고가 효과적이다. 두괄식으로 콤팩트하게 보고를 끝내자.

오늘도 내 보고는 성공적

: 성공하는 보고의 특성

먼저 찾아가는 보고

중간 보고는 많이 할수록 좋다.

"김 대리, 기획서 준비 잘되고 있나?" 라고 상사가 물어봤을 때는 이미 팀장의 인내심이 한계에 근접했다고 생각하면 된다. 특히 처음 지시받았을 때와 업무 상황이 달라졌다거나 기획 방향의 대폭적인 수정이 필요할 때는 그 즉시 보고해야 한다.

정해진 기한 내에 보고하지 못할 것 같으면 반드시 사전에 이실직고하자. 보고가 왜 늦어지는지, 현실적으로 가능한 보고 날짜는 언제인지 말하고, 현재 어느 정도까지 준비되었는지 얘기한다.

보고하기로 한 날보다 일찍 기획서 작성을 완료했을 때는 기획서를 가지고 있다가 약속한 날짜보다 하루나 하루 반나절 정도 일찍 보고하는 것이 좋다. 일찍 일어난 새는 빨리 잡아먹히고, 일찍 보고한 직원은 더 많은 일을 하게 된다.

뿐만 아니라 보고받는 상사의 입장에서는 보고 직원이 납기 기간까지 최선을 다하지 않고 업무를 일찍 마무리한 것으로 오해할 수도 있다. 최후의 순간까지 고민하지 않고 업무를 가볍게 처리했다는 느낌을 받는 것이다.

만약 보고 기한을 넘겼다면? 퇴근이 빨라지는 것이 아니라 퇴사가 빨라질 수 있다. 그러나 늦은 보고라 해도 아예 보고를 하지 않는 것보다는 낫다.

상황에 맞는 보고

모든 보고를 정식으로 해야 하는 것은 아니다. 보고에도 경중이 있다. 상황에 맞는 보고 방식을 선택하면 된다. 그것은 상사의 스케줄을 효율적으로 만들어 주는 일이기도 하다.

간단한 사안은 상사와 함께 걷거나 엘리베이터에 있을 때 한다. 1분도 채 안 되는 시간이지만 정식 보고보다 효과적일 때가 있다. 조금 더 비중 있는 보고는 회의 시간을 활용하거나 정식으로 보고한다. 중요도가 매우 높은 경우에는 보고 자리를 따로 마련하고 관련 직원들을 참여시킨 가운데에서 한다.

서면 보고도 단계가 있다. 가벼운 사안이나 긴급한 보고는 휴대전화 문자 메시지로 간략하게 한다. 그 다음은 이메일이다. 상사의 빠른 피드백이나 중요한 의사 결정이 필요한 사안은 문서를 출력해 직접 제출하는 대면 보고를 한다.

영혼이 담긴 보고

면대면 보고에서만 보고자의 열의가 느껴지는 것이 아니다. 서면 보고를 통해서도 보고자의 진심이 전달될 수 있다. 신기하게도 기획서만 봐도 보고자가 자기 자신을 월급의 노예로 여기는지, 문서의 주인이라고 생각하는지 알 수 있다. 노예가 작성한 기획서는 수동적이고 무미건조한 느낌이 가득하다. 그러나 주인의 입장에서 작성된 기획서는 자기 의견이 반드시 실행되어야 한다는 열정과 간절함이 느껴진다.

아무리 풍부한 정보와 통찰이 담겨 있는 기획서라 할지라도 열의가 보이지 않는 기획서는 영혼 없는 사람과 같다. 상사에게 보고해야 하는 것은 머릿속 기획과 마음속 영혼이다.

나오는 말

회사 그룹 연수원에서 기획서 작성 강의를 하며 정리한 내용을 개인 블로그에 5개월에 걸쳐 연재하였다.

한 편의 글을 올리는 일주일의 시간이 짧지는 않았지만 능력이 부족한 사람이 그 기간에 할 수 있는 일은 많지 않았다. 10년의 조직생활 동안 경험한 사유와 사태, 쓸모 있는 정보만을 문장으로 옮기려 했고 독자들과 나누고자 했다. 어려운 것은 쉽게, 쉬운 것은 깊게 전달하자는 마음으로 글을 써내려 갔다.

저자는 자기 책의 단점을 알게 되는 첫 번째 사람이다. 원고를 오랫동안 붙들고 있다 보면 이 따위 책은 내지 않는 게 옳다는 생각을 수차례 하게 된다. 그럴 때마다 손을 잡아 주는 독자가 곁에 있다는 것은 작가에게도, 그 책에게도 행운이다.

짧지만 뼈가 있고 무심한 듯 친절한 응원의 한마디가 큰 힘이 되었다.

그 독자가 내 소중한 아내라는 사실이 더 고마워 가끔 눈가가 촉촉해지기도 했는데 안타깝게도 한 번도 들키지 않았다.

이 책의 내용은 앞서 이룩해 놓으신 선배들의 경험과 책에서 많은 부분을 참고했다. 내게 창조적 영감을 주고 아낌없는 조언을 해 준 모든 이들이 없었더라면 지금의 나는 없었을 것이다. 나는 결국, 모두의 도움으로 살아 온 인간이다. 그 모두에게 감사한다.

마지막으로 늘 믿음으로 나를 대해 주시는 부모님과 힘들 때 버팀목이 되어 주는 누나와 매형, 사랑하는 아내, 우리 딸 라엘 그리고 당신에게 이 책을 바친다.

참고한 책

강원국, 『회장님의 글쓰기』 (메디치, 2014)

공문선, 『컨펌을 끌어내는 기술』 (토네이도, 2009)

길영로, 『기획이란 무엇인가』 (페가수스, 2012)

길영로, 『완벽한 보고서 쓰는 법』 (페가수스, 2019)

나가타 도요시, 정지영 역, 『도해사고력』 (스펙트럼북스, 2011)

나가타 도요시, 이경미 역, 『최강업무기술』 (스펙트럼북스, 2011)

남충희, 『7가지 보고의 원칙』 (황금사자, 2011)

데루야 하나코, 김윤경 역, 『로지컬 씽킹』 (비즈니스북스, 2019)

데루야 하나코, 김윤경 역, 『로지컬 라이팅』 (비즈니스북스, 2019)

마쓰다 미히로, 『질문도 전략이다』 (비즈페이퍼, 2015)

바바라 민토, 이진원 역, 『논리의 기술』 (더난출판사, 2019)

박경수, 『지금 당장 기획공부 시작하라』 (한빛비즈, 2014)

박신영, 『기획의 정석』 (세종서적, 2013)

박혁종, 『부장님은 내 기획서가 쓰레기라고 말했지』 (행복한북클럽, 2019)

신시야 샤피로, 공혜진 역, 『회사가 당신에게 알려주지 않는 50가지 비밀』 (서돌, 2007)

오시마 사치요, 공보미 역, 『How to 맥킨지 문제해결의 기술』 (도슨트, 2017)

윤영돈, 『기획서 마스터』 (새로운제안, 2015)

이윤석, 『누구나 탐내는 실전 보고서』 (아틀라스북스, 2017)

이호철, 『맥킨지식 문서력』 (비즈센, 2009)

임영균, 『기획서 잘 쓰는 법』 (스몰빅라이프, 2018)

진 젤라즈니, 안진환 역, 『맥킨지, 차트의 기술』 (매일경제신문사, 2016)

정경수, 『문서작성 최소 원칙』 (큰그림, 2018)

하우석, 『기획 천재가 된 홍대리』 (다산북스, 2012)

패트릭 G 라일리, 안진환 역 『THE ONE PAGE PROPOSAL』 (을유문화사, 2002)

부록

- 핵심 내용 정리
- 알아 두면 도움이 되는 꿀팁 사이트
- 주제별 기획서 레이아웃

핵심 내용 정리

1장 기획의 본질

기획의 정의

기획은 일의 시작부터 실행까지 결정해 나가는 과정으로 '왜, 무엇을, 어떻게 할 것인지' 고민하고 구체화하는 것을 의미한다.

기획의 목적

기획자는 비즈니스 상황에서 발생하는 '다양한 문제를 해결'하기 위해 기획을 한다. 한마디로 기획의 목적은 '문제 해결'이다.

문제의 정의

비즈니스 상황에서 '문제'란 현재 상태와 이상적인 상태의 차이(Gap)를 의미한다.

해결 과제와 제약 조건

-해결 과제 : 문제의 원인(문제점) 중 해결 가능한 일

-제약 조건 : 문제점 중 조직의 통제 범위를 벗어나 해결이 불가능한 일

기획의 논리 흐름

'Why – What – How' 3단계 논리 흐름으로 진행

-Why : 회사의 문제가 무엇인가?(문제 설정)

-What : 문제 해결을 위해 무엇을 해야 하는가?(해결 방법)

-How : 구체적인 실행을 어떻게 할 것인가?(실행 방안)

2장 기획서 작성 – 프레임

비즈니스 4대 문서

-공문서 : 다른 부서·조직에 협조를 구하기 위해 만드는 문서

-품의서 : 상사에게 허락을 받기 위한 목적으로 작성하는 문서

-보고서 : 업무 현황이나 과제의 결과에 대해 보고할 때 작성하는 문서

-기획서 : 새로운 일을 추진하기 전에 왜, 무엇을 그리고 어떻게 할 것인지 보
　　　　고할 때 작성하는 문서

기획서 목차와 주요 항목

흐 름	Why	What	How
목 차	• 실시 배경 또는 추진 배경 • 과제의 필요성	• 개선 방향 또는 추진 방향 • 상세 내용	• 실행 계획

주
요
항
목
	• 현상 분석
	  – 내/외부 환경 분석
	  – 벤치마킹
	  – 인터뷰/설문
	• 문제 설정 및 문제점 도출
	• 기획의 목적
		• 목표 수준
		  – 언제까지 어떤 수준으로
		• 해결 과제
		  – 구체적인 해결 방안
		  – 과제의 특성 : 장점, 단점, 기존과의 차이점
			• 사람(실행 체제)
			• 시간(스케줄)
			• 돈(예산)
			• 기대효과 및 리스크 대책

기획의 논리 흐름 단계별 필수 질문 리스트

3장 기획서 작성 – 콘텐츠

목적과 목표

–목적 : 하려고 하는 일이나 활동의 근본적인 존재 이유

–목표 : 달성하고자 하는 어떤 활동이나 행동, 상태(수준과 기간을 포함)

기획서 제목 작성법

기획서 제목에는 기획의 목적(Why)과 범위(What)가 들어간다.

'~~을/를 위한 OOO운영/실시/개선(안)'의 패턴으로 작성한다.

카이젠과 이노베이션

-카이젠 : 부정적인 면은 없애거나 축소하고, 긍정적인 면은 강화하여 효율
　화하는 방식

-이노베이션 : 기존의 방식과는 전혀 다른 새로운 방법으로 문제를 해결하는
　방식. '역발상'과 '이노베이션'이 대표적이다.

기획서의 글쓰기 원칙

1. 간결하게 : 개조식 표현을 사용하고 중복되거나 쓸데없는 표현은 피한다.

2. 명확하게 : 가능한 한 숫자로 이야기하고 다름과 나음을 표현한다.

3. 자신 있게 : 자신의 의견을 주장하는 문장은 단호한 어조를 사용한다.

4장 기획서 작성 – 디자인

기획서 디자인의 다섯 가지 룰

1. One 페이지, One 메시지

2. 기본 색과 강조 색을 정한다.

3. 정보를 묶을 때는 회색 배경을 활용한다.

4. 폰트 크기는 세 가지 이내로 사용한다.

5. 줄 간격은 1.2 이상으로 설정한다.

보기 좋은 매트릭스 작성법

1. 행수가 많을 때는 짝수 행과 홀수 행의 배경 색을 구분한다.

2. 매트릭스 양옆 세로선을 제거하면 답답함이 사라진다.

3. 두 가지 사항을 비교할 때는 구분 항목을 가운데에 배치한다.

상대방이 쉽게 이해하는 차트 연출 방법

1. 차트는 적을수록 좋다.

2. 글자는 크게, 수치는 반올림, 단어는 기호로 바꾼다.

3. One 페이지, One 차트

5장 기획서 보고

기획서가 튼튼해지는 세 가지 점검 포인트

1. 출력본을 소리 내 읽어 본다.

2. 전체 맥락과 기획의 논리 흐름을 살펴본다.

  – Why 단계 : 문제, 문제의 원인, 상사 및 고객의 요구 사항, 타사 대처 방안

  – What 단계 : 목표, 해결 과제와 상세 방안

  – How 단계 : 실행 주체, 스케줄, 소요 비용, 기대효과, 예상 리스크 요인

               및 대처 방법

3. 상사(최종 결재권자 : 경영진)의 입장에서 바라본다.

두괄식 보고의 흐름

'What – Why – How' 흐름으로 진행

–What : 문제 해결을 위해 무엇을 하고자 하는지(결론)

–Why : 선정 이유와 근거는 무엇인지(이유·근거)

–How : 실행을 어떻게 할 것인지(실행 계획)

알아 두면 도움이 되는 꿀팁 사이트

KOSIS 국가통계포털

대한민국 사회 전반에 대한 모든 통계를 확인할 수 있는 곳이다. 고용,
물가, 사회, 인구 등 주제별 통계 자료가 잘 정리되어 있어 유용하게 활
용할 수 있다.

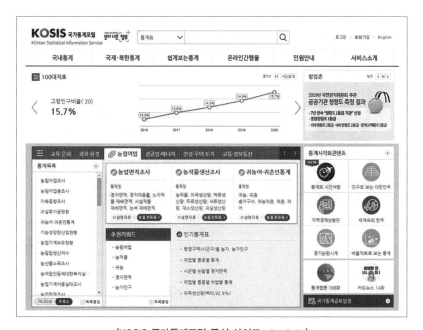

〈KOSIS 국가통계포털 공식 사이트 : kosis.kr〉

학술연구정보서비스 – RISS

RISS(Research Information Sharing Service)는 전국 대학이 생산, 보유, 구독하는 학술자원(국내 석·박사 학위 논문 등)을 공동으로 이용할 수 있도록 개방한 학술연구정보서비스다. 문헌을 분석하거나 참고 자료를 찾을 때 유용하다.

〈RISS 공식 사이트 : riss.kr〉

Noun project

기획서를 한층 더 세련되게 만들어 줄 아이콘과 픽토그램을 무료로 다운받을 수 있는 사이트다. 라이선스도 무료로 제공되기 때문에 상업적인 목적으로도 수정, 공유가 가능하다.

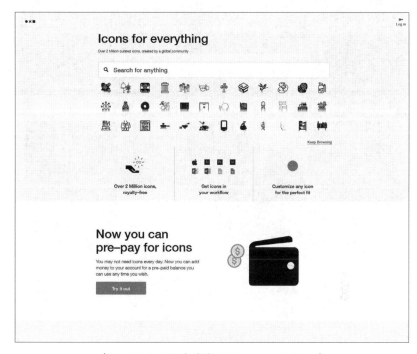

〈Noun Project 공식 사이트 : thenounproject.com〉

Pixabay

수십만 장이 넘는 사진을 보유한 고퀄리티 이미지 사이트다. 작가들의 사진과 일러스트, 벡터 그래픽, 동영상 등을 주제별로 선택해 무료로 다운받을 수 있다.

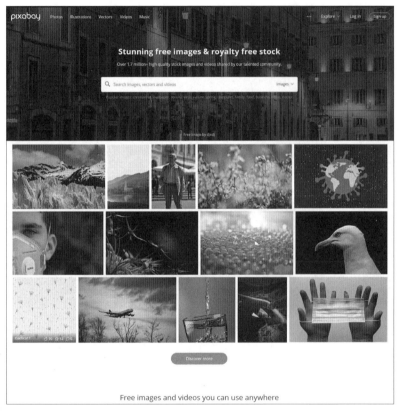

〈Pixabay 공식 사이트 : pixabay.com〉

Tagxedo

텍스트 마이닝을 통한 타이포그래피를 만들 때 사용하는 사이트다. 텍스트 파일을 업로드하면 단어 빈도 수에 따라 타이포그래피가 빠르게 만들어진다.

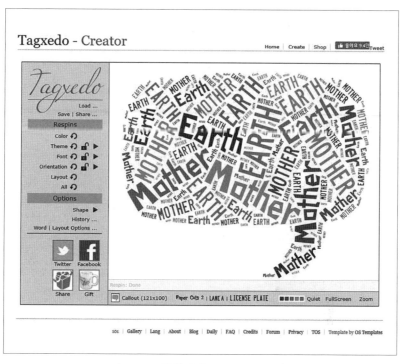

〈Tagxedo 공식 사이트 : tagxedo.com〉

온라인 백분율 계산기

백분율을 계산하는 무료 온라인 도구다. 숫자를 다루다 보면 생각보다 헷갈리거나 복잡한 경우가 많다. 사이트에 접속하여 정보만 입력하면 간단하게 백분율 값을 구할 수 있어 편리하다.

〈온라인 백분율 계산기 : baegbunyul.gen.im〉

주제별 기획서 레이아웃

기본 레이아웃

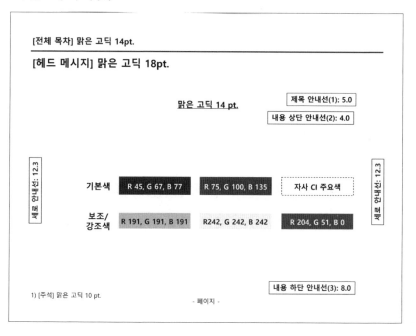

수평 흐름

[전체 목차]

[전체 목차]

[헤드 메시지]

| 1 Text | 2 Text | 3 Text |

Text

- Text
  - Text

- Text
  - Text

- Text
  - Text

Text

- Text
  - Text

- Text
  - Text

- Text
  - Text

[전체 목차]

[헤드 메시지]

As-Is	To-Be
• Text	• Text

수직 흐름

[헤드 메시지]

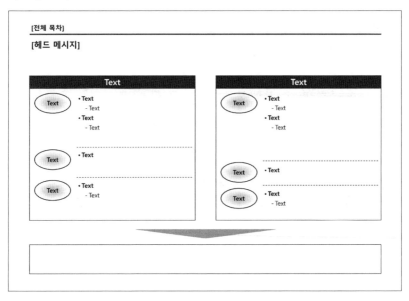

[전체 목차]

[헤드 메시지]

Text	• Text - Text
Text	• Text - Text
Text	• Text - Text

순환 흐름

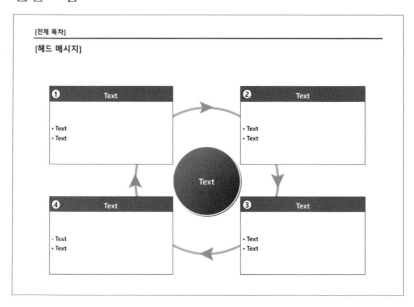

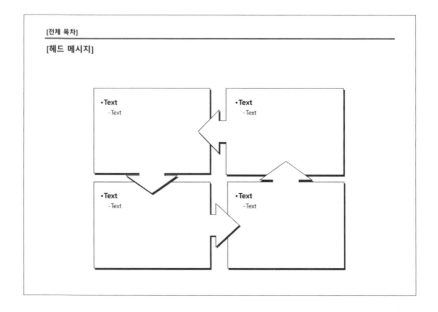

집중

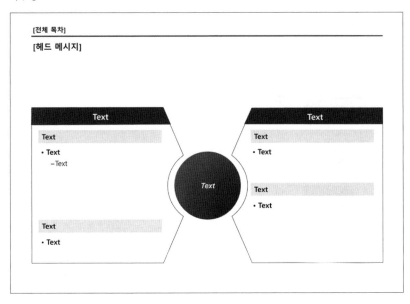

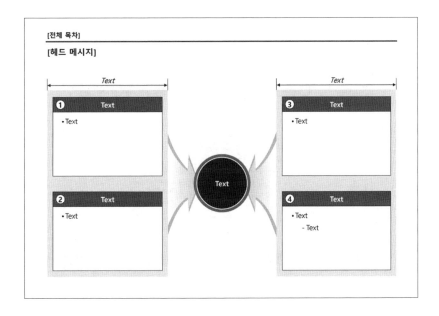

요소/영역

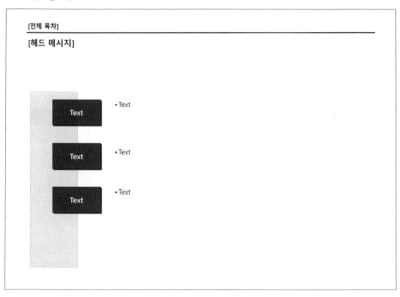

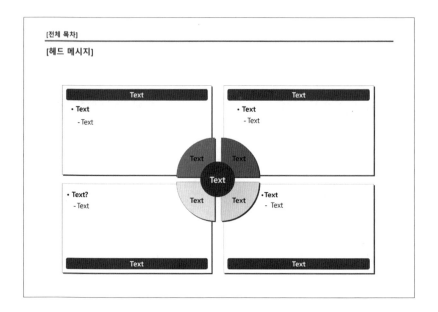

단계별 상승

[헤드 메시지]

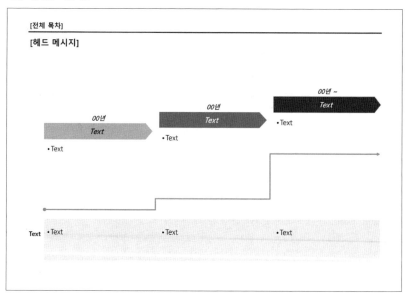

[헤드 메시지]

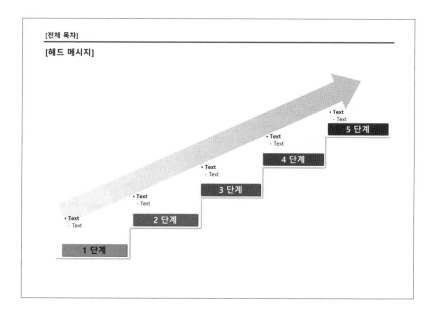

Our Mission — 우리는 새로운 지식을 창출, 전파하여 전 인류가 이를 공유케 함으로써 인류 문화의 발전과 행복에 이바지한다.

— 우리는 끊임없이 학습하는 조직으로서 자신과 조직의 발전을 위해 쉼 없이 노력하며, 궁극적으로는 세계적 콘텐츠 그룹을 지향한다.

— 우리는 정신적·물질적으로 최고 수준의 복지를 실현하기 위해 노력하며, 명실공히 초일류 사원들의 집합체로서 부끄럼 없이 행동한다.

Our Vision 한언은 콘텐츠 기업의 선도적 성공 모델이 된다.

저희 한언인들은 위와 같은 사명을 항상 가슴속에 간직하고
좋은 책을 만들기 위해 최선을 다하고 있습니다.
독자 여러분의 아낌없는 충고와 격려를 부탁드립니다.
· 한언 가족 ·

HanEon's Mission statement

Our Mission — We create and broadcast new knowledge for the advancement and happiness of the whole human race.

— We do our best to improve ourselves and the organization, with the ultimate goal of striving to be the best content group in the world.

— We try to realize the highest quality of welfare system in both mental and physical ways and we behave in a manner that reflects our mission as proud members of HanEon Community.

Our Vision HanEon will be the leading Success Model of the content group.